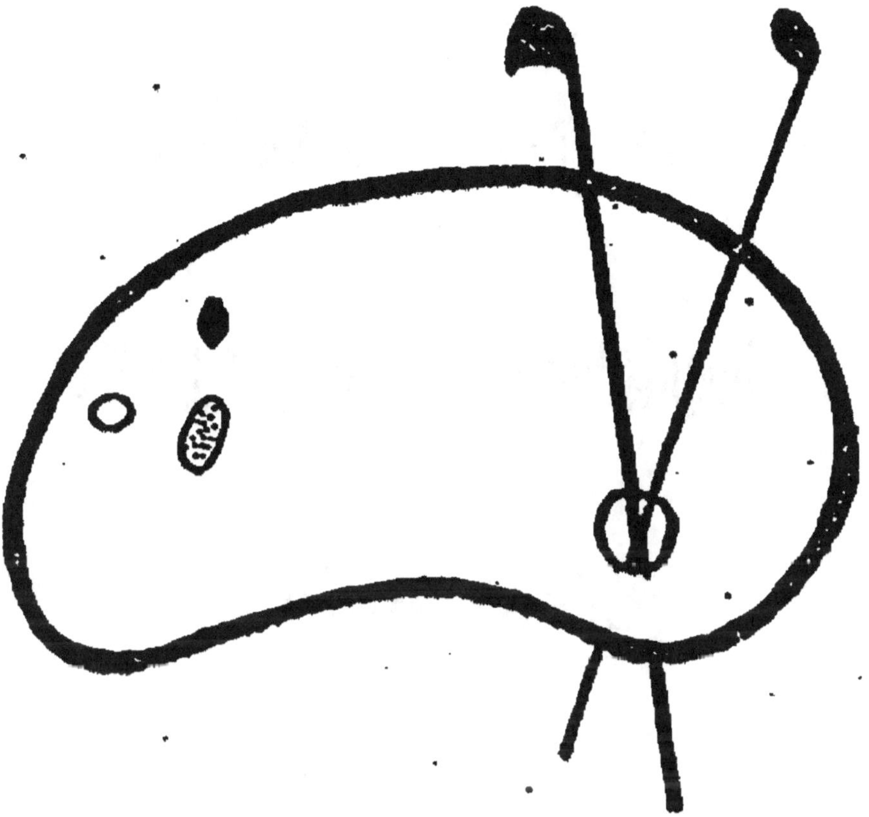

DEBUT D'UNE SERIE DE DOCUMENTS
EN COULEUR

LA HAUTE-COUR DE JUSTICE

LE PROCÈS BOULANGER

Réquisitoire du Procureur général

CONDAMNATION

PRIX : 0 fr. 15

PARIS

IMPRIMERIE DE LA PRESSE

16, Rue du Croissant

1889

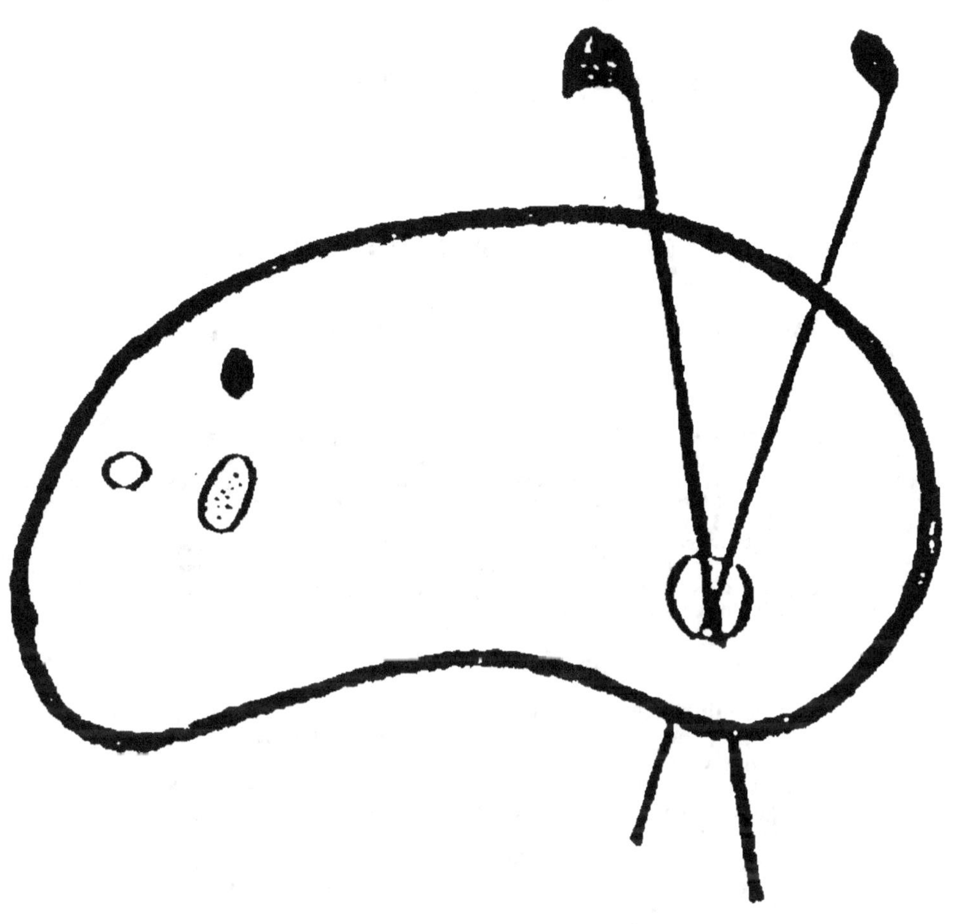

TIRÉ D'UNE SÉRIE DE DOCUMENTS
EN COULEUR

LA HAUTE-COUR DE JUSTICE

LE PROCÉS BOULANGER

Réquisitoire du Procureur Général

[E Jules Quesnay de Beaurepaire]

Le Sénat, constitué en Haute-Cour de justice aux termes de la loi constitutionnelle de 1875 sur les rapports des pouvoirs publics, s'est réuni le 8 août 1889, au palais du Luxembourg, afin d'y juger le procés instruit contre les accusés Boulanger, Rochefort et Dillon, pour complot contre la sûreté de l'Etat.

Après appel et contre appel des membres du Sénat et lecture de l'arrêt de renvoi, ordonnance de déchéance et notifications faites aux accusés en fuite, M. le procureur général Quesnay de Beaurepaire a prononcé le réquisitoire dont voici les passages essentiels :

Exposé général

Messieurs, le ministére public a pour habitude, lorsque les accusés sont absents, de ne pas motiver ses conclusions; il dépose des réquisitions écrites; les piéces sont remises sur le bureau : cela suffit. Mais aujourd'hui la situation est fort différente. A défaut des gens mis en cause, nous avons leurs incessants plaidoyers venus de loin.

Vous êtes, messieurs, en présence d'explications et d'allégations qui nous arrivent ainsi par-dessus la mer, en présence d'un dossier qui jusqu'ici a été fermé, et vous avez, je crois, un extrême désir de savoir ce que ce dossier peut contenir.

Le pays, lui aussi, désire que la lumière soit faite ; et cependant, jusqu'à présent, on en a été réduit à la connaissance de mon acte d'accusation, qu'à dessein j'ai fait très sommaire, parce que je supposais qu'il ne serait pas impossible qu'il fût falsifié.

Par conséquent, la Haute-Cour se trouve, à l'heure actuelle, dans l'ignorance; et, si la dignité nous a jusqu'ici commandé le silence, la conséquence en a été qu'aujourd'hui, en face de notre discrétion décente, les accusés ont pris une attitude que je ne veux pas qualifier, — je tâcherai de ne rien qualifier dans l'affaire, j'essayerai seulement d'exposer;— mais, enfin, les accusés ont pris une attitude qu'il est intéressant, au moins, de faire connaître.

Ils ont pris la fuite. Ils ont déclaré avant qu'ils étaient les fondateurs d'un parti — je ne veux pas faire de politique, j'indique seulement quelle a été leur formule. — Ils ont dit, ils ont prétendu qu'ils étaient les fondateurs d'un parti qui serait assurément le parti national, puisque c'est le parti du courage et de la vertu!

Et cependant nous avons vu les mêmes accusés prendre la fuite

au moment où nous avions seulement le projet de les faire interroger sous le contrôle de l'opinion publique.

Avant de cacher leur personne, ils ont caché leurs papiers ; et
lorsqu'ils ont ainsi disparu, nous les avons, non pas vus, mais
entendus, en face de notre instruction demeurée secrète, déclarer
parjures des témoins dont ils ne possédaient même pas les noms,
déclarer fausses des pièces qu'ils n'avaient point lues, et, discutant
dans le vide, bien loin de l'objectif que nous nous étions proposé,
répondre à des questions que nous ne leur avions pas posées ; de
sorte qu'il y avait bien, il faut l'avouer, de quoi égarer, dans de
certaines proportions, l'opinion publique, d'autant plus qu'ils
ne s'en sont pas tenus là.

Lorsque l'arrêt de renvoi a été rendu, nous les avons vus décli-
ner, je ne dirai pas la compétence, mais la dignité du Sénat convoqué en Haute-Cour de justice ; nous les avons vus invoquant,
sous le prétexte d'en appeler au peuple, je ne sais quelle juridiction
impossible, déclarer dans leurs manifestes — car c'est par des
manifestes qu'ils ont plaidé — nous les avons vus déclarer que
leurs juges passeraient en cour d'assises ; et, tous les jours, encore
aujourd'hui, sur le seuil même de cette salle d'audience, promettre
au magistrat qui a l'honneur de faire ici son devoir, le traitement
que l'un d'eux, jadis, si l'histoire est fidèle, a infligé au président
Bonjean.

Eh bien, messieurs, est-il possible, dans ces conditions, de
croire que nous puissions répondre à une pareille défense et con-
fondre de pareils accusés par le silence ?

Je ne le pense pas, quant à moi. Je ne crois pas qu'il soit possible de dire, aujourd'hui comme d'habitude, que le dépôt d'un
dossier clos sur le bureau d'une chambre du conseil soit suffisant
pour éclairer les juges qui veulent bien me faire l'honneur de
m'écouter et pour éclairer derrière eux l'opinion publique. Aussi,
j'ai voulu déroger à l'usage, sans pour cela, messieurs, rompre en
quoi que ce soit avec la plus stricte légalité.

Je me suis promis d'ouvrir pour vous ce dossier, et aujourd'hui
j'ai la prétention de tout prouver ; j'ai la prétention de tout vous
dire, et je suis convaincu que dans quelques heures la lumière
sera faite d'une façon éclatante : j'en prends l'engagement.

Ceci étant dit, sans vouloir m'étendre dans le moindre préam-
bule, je me permettrai seulement d'ajouter qu'en vous exposant
l'affaire c'est-à-dire en ouvrant le dossier et en la feuilletant devant
vous, sans presque y joindre de commentaires, je ne descendrai
pas une minute jusqu'à discuter les étranges, les inqualifiables
factums qui nous arrivent tous les jours d'Angleterre.

Je me bornerai à dire aux accusés, à l'accusé qui surtout parle :
« Il fallait venir ici ; il fallait aujourd'hui, devant la Haute-Cour,
amener vos témoins ; j'aurais amené les miens, j'aurais produit
vos autographes, — ils sont tous ici. J'ai là onze ou douze cents
pièces que nous aurions examinées contradictoirement et nous
aurions eu — ce qui est toujours une satisfaction d'homme à
homme — l'avantage de nous regarder en face pour discuter.
(Mouvement.)

Le Chef de la bande

En premier lieu, messieurs — et ici je commence — nous repro-
chons à Boulanger, à Dillon et à Rochefort d'avoir ensemble ourdi
un complot qui devait avoir pour moyen la violation des lois et,
comme conséquence au moins possible, les discordes civiles ; pour
but le remplacement du gouvernement légal par la dictature. Nous
allons établir ces faits, ou du moins nous allons l'essayer — c'est

notre devoir — par le seul groupement de documents qui, eux, bien entendu, sont incontestables.

L'ambition de Boulanger — ceci peut être dit sans discussion et il faut bien que je pose des bases, l'ambition de Boulanger date de loin et n'a jamais connu de limite. Ce sont les pièces qui l'apprennent. Sans antécédents militaires, — je n'ai ni l'intention ni la compétence nécessaire pour discuter ce qui peut caractériser la valeur militaire d'un officier général, — sans antécédents militaires, puisqu'il n'a jamais commandé même une brigade devant l'ennemi, il a fait jouer tous les ressorts pour devenir général très jeune, et certains incidents parlementaires auxquels je me borne à faire allusion, nous font savoir qu'il a trouvé de respectables protections dans les rangs de l'armée, par des moyens qui n'avaient pas été choisis, l'épée à la main, sur les champs de bataille.

Boulanger, il faut bien le reconnaître, et vous allez le voir tout à l'heure lorsque j'aurai l'honneur de vous analyser les pièces, Boulanger a su tirer une très grande force des éléments de notoriété plus ou moins factices que lui avait procurés son arrivée prématurée à un grade supérieur, et il a surtout, ceci est non moins incontestable, tiré une force véritable de l'intensité de ses idées fixes d'ambitieux.

C'est muni de ces armes que nous allons le voir tout à l'heure jouer à l'homme providentiel et donner l'assaut au gouvernement en criant toujours, d'un ton doucereux : « Vive le gouvernement ! »

Nommé en 1882 directeur de l'infanterie au ministère de la guerre, il posa aussitôt les fondations de son édifice.

D'une part, il noua des relations politiques sur le compte ou sur le nombre desquelles je me garderai bien de retenir l'attention de la Haute-Cour. A cet égard, les personnages qui appartiennent au monde parlementaire sont beaucoup mieux renseignés que moi-même.

Mais, d'autre part, — c'est là ce qui m'importe et c'est ce que les membres de la Haute-Cour ne savent pas, d'autre part, dis-je, Boulanger, dès cette époque où il était directeur de l'infanterie, s'assura le secours d'agents secrets, et l'on voit que je n'ai pas tardé à venir à ce qui est bien la question du procès.

Les agents secrets

Il eut plusieurs agents secrets.

Ce fut d'abord un sieur Buret, dont il paraît qu'il aurait depuis quelque temps repoussé les souvenirs d'amitié.

Mais comme il me sera facile de lui rafraîchir la mémoire sur ce point !

C'était donc d'abord un sieur Buret, dont la valeur morale est extrêmement relative. (Mouvements en sens divers) ; un sieur Buret qui a si peu de valeur morale qu'il est, à mon sens — et c'est là un côté grave de l'affaire, — plus que compromettant pour ceux qui recherchent ses poignées de main ; un sieur Buret qui a des prétentions. Soyez tranquilles, messieurs, je dirai le dernier mot en ce qui le concerne, et je crois que ce sera un argument singulièrement important contre ceux que précisément le nom de Buret semble gêner si fort ; mais nous y arriverons plus tard ; pour le moment, je commence, je pose mes jalons, et je vous rappelle qu'un des premiers agents secrets de Boulanger, lorsqu'il était directeur de l'infanterie au ministère de la guerre, fut Buret.

Voici comment Buret parle, et comment ils parlent tous, en poétisant peut-être un peu trop des choses qui ne sont pas épotiques ; voici, dans tous les cas, comment il explique ses relations avec Boulanger :

« Je lui fus présenté, dit Buret, en 1882 par le général Thibaudin. (Interruptions.)

Je ne crois rien dire qui puisse blesser les sentiments des membres de la Haute-Cour. Je cherche à parler comme on doit le faire de magistrat à magistrat, et je serais véritablement bien malheureux si mon langage trahissait mes intentions.

« Je croyais ajoute Buret, trouver en lui l'homme capable de relever l'armée française. A partir de ce moment, je me suis dévoué complètement à lui : ma présentation eut lieu par le général Thibaudin, alors ministre, de qui j'avais obtenu une audience.

» Le général Boulanger était alors directeur de l'infanterie. »

Son second agent, toujours en remontant à l'époque où il était directeur de l'infanterie, fut un nommé Hentz, sur le compte duquel je n'ai pas de renseignements.

Boulanger eut, à ce moment, une préoccupation très naturelle : n'ayant point de passé, ayant besoin de prestige, il chercha à se rendre populaire par des moyens artificiels, et, à cet effet, il rédigea ou fit rédiger — ce qui est à peu près la même chose, — sa première biographie légendaire, avec son portrait équestre sur la couverture. C'était « l'histoire d'un héros, destinée aux casernes et aux villages » ; nous l'avons dans notre dossier, — nous avons tout dans notre dossier.

La propagande factieuse

La librairie militaire Dumaine, qui envoie chaque jour des imprimés aux corps de troupes, devait être le meilleur des agents de propagande ; Boulanger la sollicita donc dans ce but par l'entremise de son émissaire Hentz.

Voici, au surplus, la déclaration de Baudouin, le directeur de l'imprimerie militaire :

« J'ai souvenir d'avoir eu, au commencement de l'année 1884, — M. Boulanger était alors directeur de l'infanterie, où il venait de quitter ses fonctions pour prendre le commandement de la division de Tunisie, — la visite d'un nommé Hentz, envoyé par le général.

» Ce monsieur me pria de recevoir un ou deux ballots de biographies que le général aurait été heureux de voir adresser gratuitement à l'armée, en les faisant entrer dans les commandes expédiées à mes clients, » — ceci, bien entendu, sans acquitter de droits de poste. — « M. Hentz me vanta la reconnaissance du général ; mais je crus devoir repousser de telles propositions.

» Quand je constate que M. Charles, dit *Lavauzelle*, — c'est un imprimeur de Limoges dont nous aurons à parler lorsque nous serons arrivés aux renseignements de moralité touchant aux faits d'indélicatesse — quand je constate que M. Charles, dit Lavauzelle, a toujours été un des thuriféraires les plus enthousiastes du général, et que la *France militaire*, qui est la propriété de M. Lavauzelle, a distribué un grand nombre de biographies et de portraits, je suis tenté de voir, dans le petit fait rapporté plus haut, la cause des agissements dont a été victime le *Journal militaire* et celle des faveurs dont a été comblé le *Bulletin officiel.* »

Ici, messieurs, j'ai besoin d'ouvrir une courte parenthèse pour vous dire que Baudouin qui était coupable d'avoir refusé... (Mouvement.)

J'avais l'honneur de vous dire, messieurs, en vous lisant la déposition de l'imprimeur Baudouin, que celui-ci avait été sollicité en 1882 de se faire indûment, puisqu'il s'agissait de frauder la poste, l'agent du colportage de la première biographie légendaire de M. Boulanger et que Baudouin, mû par des scrupules, qui sont assez compréhensibles, avait refusé cet acte de singulière complaisance.

J'ajoutais, en vous lisant cette déposition, que Baudouin faisait allusion à un avantage, celui du monopole d'un journal militaire qui lui avait été retiré au profit d'un nommé Lavauzelle, imprimeur à Limoges, thuriféraire — c'est le témoin qui parle — du général Boulanger.

Vous ayant exposé cela, messieurs, je vous ai rendu intelligible cette phrase de M. Baudouin, dont voici le sens :

» Quand je vois les avantages qui ont été faits à Lavauzelle et la disgrâce dont j'ai été frappé plus tard par Boulanger ministre, je n'ai pas pu m'empêcher de me reporter, par mes souvenirs, au fait de 1882, qui avait dû incontestablement froisser le maître. »

Et Baudouin ajoute :

« Ces manœuvres déloyales nous ont porté un grave préjudice. A plusieurs reprises, j'ai protesté avec énergie contre les agissements du ministre et de son cabinet. Aujourd'hui, je proteste de nouveau, avec la même force, devant la Haute-Cour.

En Tunisie

En 1884, M. Boulanger fut appelé au commandement de la division d'occupation de Tunisie. Il avait gravi un échelon, cela est incontestable ; or, c'était un ambitieux, nous en sommes convenus, et il l'avouait lui-même — et c'est permis, l'ambition, quand elle n'emploie que des moyens licites pour se satisfaire — il avait, je le répète, gravi un échelon, puisqu'il était arrivé au commandement d'un corps d'armée en pays de protectorat, en pays d'occupation ; mais, puisqu'il est un ambitieux, il devait naturellement avoir une ambition plus impatiente ; il voulut jouer au vice-roi de Tunisie. Ce n'est pas moi qui parle ; toutes les phrases que je prononce, je vais les justifier, et tout ce que je vous lis, messieurs, n'est que la copie certaine, textuelle, des 1,200 originaux qui sont déposés sur le bureau de la Cour, et qui passeront sous vos yeux après l'exposé que j'ai l'honneur de faire ; par conséquent, vous le voyez, nous marchons, on peut le dire, mathématiquement.

Eh bien, je disais que lorsque Boulanger a été à Tunis, il a cherché à y jouer le rôle de vice-roi devant ses troupes, en s'efforçant par des moyens tapageurs de gagner une de ces popularités que les services militaires ne font généralement acquérir qu'après de longues années de dangers et de dévouement ; et que comme il avait le commandement des forces militaires, il a cherché — c'était son objectif tout indiqué — à faire disparaître l'autorité qui le primait, celle du résident civil, M. Cambon.

Est-ce vrai, tout cela ?

Laissons la parole à M. Cambon lui-même, alors résident à Tunis, aujourd'hui ambassadeur du gouvernement français.

Il ne peut pas être suspecté : L'ambition de M. Boulanger était-elle éveillée par l'offre du portefeuille de la guerre à l'issue de la crise ministérielle du 30 mars 1885? Je n'en sais rien. Toujours est-il qu'à partir de ce moment, les moindres affaires devinrent des prétextes à réclamations et à conflits.

» Tantôt l'administration des douanes, tantôt celle des travaux publics avaient à se défendre contre les réclamations peu justifiées des administrations militaires, et les règlements élaborés à Paris entre les différents départements ministériels étaient tenus pour non avenus. Un jour même, le général annonça l'intention de faire enlever de vive force des

ballots d'étamine destinés à la fabrication des drapeaux et retenus
en douane pour le payement des droits.

» J'avançai personnellement la petite somme nécessaire au
dédouanement et l'incident n'eut pas de suites; mais les journaux ne manquèrent pas de dire que j'avais mis l'embargo sur
le drapeau français et de représenter l'armée comme humiliée par
le régime du protectorat. Le régime prudent et ménager des deniers de la France avait pour ennemis naturels les solliciteurs
d'emplois et de concessions, qui considèrent une colonie comme
une mine à exploiter, aux dépens du gouvernement. Il se forma
peu à peu à Tunis un parti réclamant l'établissement du régime
militaire et la réunion entre les mains du général Boulanger des
pouvoirs de résident et de commandant en chef. »

On trouve ensuite dans la déclaration de M. Cambon un fait
qui est trop connu pour que j'en parle, c'est celui d'une lutte
avec le tribunal de Tunis à propos d'une condamnation correctionnelle que le général Boulanger avait considérée comme insuf-
fisante.

Mais ce qui est intéressant à retenir dans cette déclaration,
c'est le fait suivant :

A la suite de la condamnation que Boulanger ne voulait pas
accepter, il rédigea un ordre du jour aux troupes, où il dénon-
çait le pouvoir civil et soulevait le conflit dans les conditions les
plus aigües.

M. Cambon, ayant eu connaissance de cet ordre du jour, alla
trouver M. Boulanger et obtint de lui qu'il ne fût pas publié ni
porté à la connaissance des troupes.

M. Boulanger *donna*, à cet égard, *sa parole*, et peu d'heures
après, l'ordre du jour était répandu à profusion et lu à trois appels
devant les régiments de la division.

La femme Pourpe

Mais à ce moment, il n'y avait pas que des actes apparents :
Boulanger avait des agents secrets, il en avait un à Tunis même :
c'était une femme Pourpe, bien connue, comme Buret, par ses
naufrages devant la police correctionnelle.

Il paraît que Boulanger aurait dit récemment qu'il n'avait
jamais connu cette femme. Eh bien, moi, j'ai en main la preuve
— et je vous la communiquerai tout à l'heure — qu'il l'a connue beaucoup et toujours; qu'il l'a connue étant général à Tunis
et qu'il a été lié, trop lié même avec elle quand il était ministre
de la guerre; qu'alors qu'il commandait le 13e corps, il a conti-
nué avec elle des relations très intimes, dans des conditions fort
compromettantes; je vais vous faire voir ce qu'est la dame
Pourpe.

Voici, messieurs, les renseignements qui ont été recueillis sur
cette femme, qui a été l'agent secret de Boulanger, à Tunis et
depuis le retour en France du général.

« La dame Pourpe (Juliette-Victorine), etc., etc., a quitté son
mari en 1864. Dans le courant de cette même année, elle alla
se fixer à Dijon, où elle tint un pensionnat — elle a tenu dans
beaucoup de villes des pensionnats de jeunes filles — qu'elle
cessa de diriger pour soi-disant retourner à Paris.

En 1880, la dame Pourpe alla s'installer à Paris, rue Blomet,
où elle ne vivait que d'expédients, d'escroqueries. Elle prétendait
cependant puiser ses moyens d'existence dans le produit de sa
collaboration à divers journaux ; elle se targuait d'expédier le
courrier de certains personnages.

Sur ces entrefaites, elle entra en relations avec deux hommes
d'affaires des plus véreux, les nommés Duron et Ollivier, dont

l'agence était alors située rue de la Procession, 52. Le chiffre des escroqueries commises par la femme Pourpe, à Paris seulement au cours de son association avec Duron et Ollivier, ne s'élèverai pas à moins de 120,000 fr.

En 1881 ou en 1882, elle est allée tenir un pensionnat à Chartres. Pendant son séjour dans le chef-lieu d'Eure-et-Loir, elle commit des escroqueries au préjudice de plus de trente personnes et se rendit même complice de faux. Elle fut condamnée à Chartres.

J'arrive maintenant à un chapitre qui nous intéresse davantage.

Il fallait bien parler de sa condamnation, parce que, pendant qu'elle était en prison, subissant sa peine, elle reçut une visite — celle du général Boulanger.

Je crois que, lorsque j'aurai démontré que Boulanger, général de l'armée française, ancien ministre de la guerre, a été entouré à ses débuts politiques d'agents comme la femme Pourpe, que c'est là qu'il a pris ses points d'appui, ses inspirations, ses confidents et qu'il est ainsi arrivé à son abdication morale, j'aurai fait déjà une partie de ma preuve. Je continue.

Le général Boulanger n'est jamais allé la voir au Dépôt ; mais en 1884, étant directeur de l'infanterie au ministère de la guerre, il est allé la visiter à Saint-Lazare et il se serait rendu à cette prison en tenue civile, muni d'une autorisation régulière signée du procureur général.

Il se serait entretenu quelques instants avec la détenue, dans le bureau du directeur.

Il résulte de l'enquête que le général Boulanger, sur la demande de la femme Pourpe, serait intervenu, à plusieurs reprises, en faveur de Duron et d'Ollivier.

Ce sont les maîtres chanteurs auxquels j'ai fait allusion tout à l'heure en passant. « Grâce à lui, ces individus auraient pu trafiquer tout à leur aise, sans craindre l'action de la justice, car chaque fois qu'ils étaient menacés, Boulanger intervenait en leur faveur. »

Arrivons à 1884. Et ici je lis le passage du rapport qui s'y réfère.

« A cette époque, le général Boulanger, nommé chef de la division d'occupation en Tunisie, alla prendre possession de son commandement. La femme Pourpe le suivit à Tunis.

« A son arrivée, elle s'installa à proximité du quartier général, où elle se rendait presque tous les jours, ce qui intriguait les officiers de l'entourage du général Boulanger, qui la suspectaient d'être un agent du Gouvernement ou du général lui-même. Ils la prirent en aversion, et il est probable qu'ils firent part à ce dernier de leurs scrupules à l'égard de cette femme car à un moment donné, ses visites au quartier général devinrent moins assidues.

« A ceux qui la questionnaient au sujet de sa présence en Tunisie, elle répondait qu'elle avait été envoyée par le gouvernement pour se livrer à des études sur les mœurs des habitants, pour préparer les éléments d'un ouvrage géographique. La femme Pourpe exerçait sur le général Boulanger, même quand il était ministre de la guerre, un grand ascendant. Elle s'est vantée d'avoir fait obtenir par son intermédiaire de l'avancement à plusieurs officiers, ainsi que certaines faveurs à des particuliers, et il est de notoriété publique qu'il la protégeait ouvertement parce qu'elle était pour lui d'une grande utilité à tous les points de vue.

« Il est fort possible qu'elle lui ait servi d'agent, car cette femme était sans scrupules et ne reculait devant aucun procédé pour satisfaire sa passion de l'argent. »

Les missions de Buret

Je vous disais donc, messieurs, après vous avoir lu ces décla. rations, que madame Pourpe était l'agent à Tunis. Mais Boulanger avait un autre agent à Paris, agent de même sorte dont j'ai déjà parlé, et tout aussi intime avec lui : c'était Buret.

J'ai eu soin de faire joindre aux pièces soumises à la Haute-Cour le dossier de Buret et vous pourrez y voir l'extrait de son casier judiciaire. Vous verrez quels sont ses états de service. J'ai dit, tout à l'heure, qu'il n'était guère possible de les ignorer, et j'ai ajouté qu'il était difficile, quand on se trouve dans une grande position, de ne pas prendre des renseignements sur un faiseur avant de l'admettre dans son intimité. Donc, il est fort à craindre que Boulanger — quoiqu'il ne soit pas allé le visiter à Mazas comme il est allé voir l'autre à Saint-Lazare — ait connu le passé de Buret.

Buret, qui se trouvait à Paris, avait une triple mission du général résidant à Tunis. Je vous le montrerai par des lettres. Buret devait d'abord battre en brèche le pouvoir civil de Tunis, autrement dit, pour employer le mot à la mode, il devait faire ou faire faire une campagne, — j'en demande pardon aux militaires, cela s'appelle une campagne — une campagne de presse contre M. Cambon. En second lieu, il devait organiser la réclame dans l'intérêt de Boulanger. Il s'agissait encore là d'une campagne de presse.

Seulement ici c'était une campagne laudative. Il avait une troisieme mission : il fallait ouvrir la voie et par conséquent déblayer le chemin du Capitole.

Et la meilleure façon d'agir était de préparer l'avènement de Boulanger au ministère.

Messieurs, cette triple mission, Buret s'en acquitta, je ne dis pas consciencieusement, je ne prononce pas le mot de conscience à propos de pareilles affaires, mais il s'en acquitta du mieux qu'il pût. Nous avons, pour le prouver les lettres de Buret, les lettres du général Boulanger, portant sa signature.

C'est très fâcheux pour lui ; il paraît qu'il avait oublié l'existence de ces autographes.

Aujourd'hui, nous sommes certains qu'ils existent, parce qu'ils sont ici, sur le bureau ; vous les lirez, et, messieurs, sans qu'il soit besoin de recourir à une expertise en écriture, vous aurez la preuve qu'ils sont bien sortis de la plume de cet homme qui, ayant lancé à travers le monde tant de milliers d'autographes, a fait connaître partout son écriture comme son image.

Mais, cette fois encore, le général Boulanger a oublié tout cela.

Et détail intéressant, on a bien dit que Buret avait vendu à M. le ministre de l'intérieur des pièces qu'il possédait, mais il paraît que Boulanger, lui, avait voulu les acheter aussi.

Ces lettres, messieurs, ne sont pas supposées ; elles sont là. Je ne puis pas les faire connaître toutes ; elles commencent par : « Mon cher monsieur Buret ». La progression est littérairement adoptée et en quelque sorte soignée dans son exécution jusqu'aux moindres nuances.

Il y a le « cher M. Buret » ; puis le « cher Buret » et puis il y a le cher ami, le bon ami et à la fin des lettres les plus tendres, il y a aussi comme un petit coin de tendresse pour Mme Buret, qui offrait de si bons dîners aux amis intimes.

Ceci est important à dire et je tiens à le dire, parce que plus l'intimité est établie et plus le renseignement de moralité a de portée.

Je me permettrai de vous citer une lettre, la voici, c'est un fac-similé. L'original s'en trouve au dossier. Est-ce qu'il est possible de nier celle-là ?

M. Boulanger est ministre de la guerre; son ami Buret vient pour le voir au ministère Ce n'est pas Buret qui le dit, c'est le papier lui-même: « Cabinet du ministre ».

M. Buret, ne pouvant pas pénétrer auprès de Boulanger qui a en ce moment un visiteur prend du papier du cabinet du ministre et fait porter par un huissier, à M. Boulanger, la missive suivante :

   « Monsieur le ministre,

» Je quitte à l'instant notre ami Granet. Nous nous proposons de manger demain soir les derniers perdreaux de l'année, bien et dûment truffés. Ce sera chez moi. Voulez-vous oublier vos grandeurs et venir incognito avec nous ? On vous rendra votre liberté aussitôt que vous le désirerez. »

Et M. Boulanger a écrit de sa main sur cette pièce, qui est toute de l'écriture de Buret, sur le papier du cabinet du ministre, il a écrit, en travers et au crayon bleu, — c'est toujours ainsi qu'il annote, — « Oui, j'essaierai, mais ne m'attendez pas après sept heures et demie. »

Voilà peut-être une lettre qui, au point de vue du complot, ne vous apporte pas de preuves, mais voilà une lettre qui ne peut avoir été écrite que par des gens intimement liés, et quand on écrit en marge la réponse que je viens de vous faire connaître, il est impossible, si loin qu'on soit caché, de soutenir qu'on n'a pas été l'ami de Buret.

Arrivons maintenant à ce que Buret a fait à Paris, en 1885, pour son correspondant de Tunis. Nous allons trouver M. Boulanger s'occupant de faire faire la campagne de presse, et trouvant que les journaux, dont il gourmande la mollesse, ne disent pas autant de bien de lui et autant de mal de M. Cambon qu'il peut le désirer du fond de son exil. Voici des copies textuelles, bien entendu, de ses télégrammes et des lettres de son écriture, qui toutes portent le timbre de Tunis, 1885 :

« Mon cher ami, j'ai vu le *Petit Journal*, mais poussez donc raide Magnier; ses atermoiements me semblent louches. »

« Lundi. Eh bien, attendons trois jours puisqu'il n'y a pas moyen de faire autrement pour l'*Evénement*, mais mettez dans la *Nation* demain soir dans tous les cas ».

« Dimanche. Eh bien, et votre *Evénement*, il fait comme les autres, il flanche ! Car j'ai beau le lire, je ne vois rien. »

Voilà des lettres qui, il me semble, ont encore une signification assez grande pour établir l'intimité, d'une part, la mission de l'autre.

Maintenant nous allons vous lire, à titre de spécimen, quelques télégrammes concernant la mission relative à la destruction politique de M. Cambon.

        Mercredi, 18 novembre.

  « Mon cher ami,

« Vous m'obligeriez infiniment en faisant reproduire par un aussi grand nombre de journaux que possible l'article de tête de la *Lanterne*. »

Nous l'avons lu cet article de la *Lanterne*. Je vous assure qu'il n'était pas tendre pour le malheureux M. Cambon.

« Vous ne pouvez donc pas trouver un seul journal » — dit-il dans une dépêche suivante — « pour soutenir la campagne ? »

« Merci de votre lettre, » dit-il dans un troisième télégramme

— « et de vos télégrammes. Merci surtout de votre dévouement. »

« D'après ce qu'on m'écrit, j'ai lieu de croire que X... » — c'est le nom d'un ministre que je passe — « me revient un peu. Je serais curieux de connaître son impression quand il aura vu le président du tribunal. Bien que ce dernier ne m'aime pas, il aime encore moins C... » — c'est M. Cambon — «... L'essentiel maintenant est de préparer les ministres par les amis. C'est à quoi vous travaillez, j'en suis sûr. Bien préparée ainsi, mon action ira toute seule lors de mon arrivée à Paris.

Il arrive à Paris; il descend à l'hôtel du Louvre. Sa préoccupation l'y a suivi; il rédige alors lui-même un article violent contre M. Cambon et il envoie un télégramme confidentiel à son cher Buret:

« Confidentiel. — Mon cher Buret, faites donc reproduire dans quelques journaux l'article ci-joint sur les sieurs Cambon et Allegro, et faites de même. Vous m'obligeriez pour les articles qui pourraient suivre sur le même sujet. Ne négligez rien pour que C... soit mis à la porte le plus tôt possible; le moment est bien choisi. »

Vous voyez quelle était la mission de Buret.

Boulanger au ministère

Devenu ministre, Boulanger ne se trouvait plus alors séparé du pouvoir suprême que par un échelon. Depuis la Tunisie il avait encore franchi un échelon intermédiaire; les occasions allaient lui devenir plus faciles, et, comme je vous le démontrerai dans la dernière partie de mon réquisitoire, on n'allait plus se trouver gêné, comme à Tunis, par le manque de ressources pécuniaires.

Si à Tunis on avait été obligé de chercher par tous les moyens possibles l'argent qui, en politique comme pour le reste, est le nerf de la guerre; quand on a été au ministère de la rue Saint-Dominique, l'argent était plus abondant et par conséquent on allait pouvoir marcher avec d'autres individus que Buret et à la fin on pourrait même se passer de Buret.

Voici ce qui se produisait à ce moment-là: le directeur de l'infanterie avait eu une biographie héroïque qu'on avait cherché à lancer, qu'on avait dû lancer, mais dont nous ne connaissons pas encore la propagande, puisque je me suis arrêté au refus de Baudouin; la biographie héroïque va être remplacée par une légion de biographies et de portraits, dès que M. Boulanger arrive au ministère de la guerre.

Nous allons avoir l'extension de la fausse légende, et il suffit, pour s'en convaincre, de consulter un dossier annexe qui est là, sur le bureau, avec les autres, et dans lequel il est établi que pendant qu'il était ministre de la guerre M. Boulanger a fait faire de sa personne quarante-quatre portraits différents, dont seize ont été suivis de biographies variées; et parmi ces quarante-quatre portraits, afin que nul n'en ignore, il a donné commande à ami intime, dont je vous ferai l'histoire tout à l'heure, un nommé Pech dit de Cadel, il a donné, dis-je, la commande de lui faire un portrait qui a, comme entrée de jeu, été tiré à 20,000 exemplaires et qui le représente, peint en rouge, avec le titre de « Boulanger protecteur », une main posée sur le sceptre.

Cette biographie est là. Nous en avons sept ou huit exemplaires; j'espère que la Haute-Cour voudra bien la regarder, elle est suffisamment instructive. Mais je ne sache pas — et je crois que je suis dans le vif de la question — que sous un gouvernement qui est le gouvernement légal, un homme qui se pique de légalité et qui veut, comme on l'a dit tant de fois, arriver seulement par les voies légales, fasse faire son portrait en Cromwell protecteur,

et alors qu'il n'y a aucune vacance du pouvoir ni un fauteuil dicta-
torial à occuper en France, se fasse peindre en dictateur.

Par conséquent, voilà un portrait qui, suivant moi, est bien
significatif, et quand il se joint à quarante-trois autres, et que les
biographies les plus modestes sont des biographies qui représentent ce général à peu près l'égal du général qui revenait d'Arcole
et des Pyramides, j'ai bien le droit de dire qu'il y a là un système
de propagande politique qui fait comprendre que, dès cette époque,
on a besoin de correspondre par dépêche chiffrée.

Ce n'est pas tout ; j'en reviens toujours à ce qui, pour moi,
est le renseignement initial le plus précieux : il faut connaître
les agents secrets qu'il avait à cette époque :

Buret, ce n'était pas une bouche inutile ; mais c'était une seule
bouche à nourrir. La femme Pourpe, mon Dieu, c'était une de
ces compagnes qui quelquefois trouvent moyen de se suffire à
elles-mêmes, et, par conséquent, il n'y avait peut être pas là des
causes bien considérables de dépense.

Mais le ministre de la guerre pouvait faire face à des dépenses
plus grandes, avoir un personnel plus nombreux d'agents secrets,
et, comme ces agents ont tous été recrutés dans le même monde,
je désire beaucoup vous les faire connaître ; vous verrez quel a
été le choix et, par conséquent, quels ont été les scrupules de
celui que tout à l'heure j'appellerai un conspirateur.

Les agents François, René et Cattoire

Voici, messieurs, un des agents qui fait parallèle avec Buret,
un des agents de Boulanger : François Georges. Ne vous effrayez
pas de ce nom plébéien, vous allez voir cet individu prendre des
noms plus sonnants.

« François Georges s'est adonné à l'ivrognerie depuis que sa
femme est morte... il est représenté comme un escroc de la plus
belle eau. A son domicile, il s'est fait inscrire sous le nom de
comte de Benay ? Il y reçoit jusqu'à cinq ou six femmes... alors
qu'il demeurait rue Laplace il aurait eu les mêmes fréquentations,
il aurait reçu là, pendant trois jours, la dame Limousin, compro-
mise dans l'affaire des décorations. »

Il est bon de faire savoir quels étaient ainsi ses vrais services.
Le concierge de cette maison a déclaré que son locataire lui aurait
montré des lettres du général Boulanger. On relève également qu'il
habitait à telle époque, à tel endroit, sous le nom de marquis
d'Épernon, venant, on ne dit pas de Tunisie, mais d'Algérie. Alors
qu'il demeurait rue Laplace, 6, où il est resté six mois, il aurait
écrit une brochure boulangiste, intitulée: *1888-1889*, pour laquelle il aurait reçu une somme de 250 fr.

Il faisait distribuer cette brochure sur la voie publique par des
camelots à sa solde, et on l'aurait entendu se plaindre hautement
du général Boulanger, qui ne lui donnait pas assez d'argent. Il n'a
pas été constaté qu'il recevait des lettres chargées. Il vint ensuite
demeurer rue Vineuse. Là, il se vante d'être connu intimement
du général Boulanger avec lequel il aurait plusieurs fois déjeuné.
Puis voilà un témoin irrécusable, une pièce écrite trouvée chez lui.

Parmi les pièces saisies à son domicile se trouve une carte de
condoléance à lui adressée par M. Henri Rochefort, à l'occasion
des obsèques de son fils. Il aurait donc eu ainsi des connaissances
multiples dans le parti, et partout on connaît sa situation, on le
représente comme un escroc, un souteneur, etc.

Il a fait distribuer des brochures du parti après les avoir écrites,
et il a employé pour cela un camelot nommé René.

Voilà donc un homme qui était encore dans cette intimité, qui
était un des agents de Boulanger. Cet homme, les agents de police

et le magistrat qui lit le rapport expurgé, sont obligés malgré eux de dire que c'était un escroc et un souteneur.

Nous allons en voir maintenant un autre. C'est un nommé Cattoire. L'origine de nos renseignements ne sera suspecte à personne. Il a été l'objet d'une lettre qui a été trouvée dans le dossier de la Ligue des patriotes. C'est un ligueur qui écrivait à un autre ligueur, avec non pas un sentiment d'animosité, mais d'envie vis-à-vis de ce pauvre Cattoire. Voici la lettre : « Je suis allé à midi chez toi et je n'ai pas eu le plaisir de te rencontrer, puisque tu es en voyage. Je veux te dire ce qui en est de Cattoire. Il a été condamné à cinq ans de prison, et pour ne pas expier sa peine il a passé la frontière et habite Mouscron...

» Déjà, lorsque le général était ministre de la guerre, il avait des rapports avec lui et j'ai vu au moins cinquante lettres qu'il avait reçues de lui. Bien plus, lors de son procès, et le jour même de sa condamnation, il arrivait au tribunal une dépêche du ministre de la guerre, priant le tribunal de vouloir bien user de toute indulgence à l'égard de Cattoire... »

On ne peut recommander plus officiellement.

« Tu vois bien que c'est bel et bien un boulangiste. »

C'est ainsi qu'il se permet de le recommander aux camarades.

Voilà donc, par conséquent, encore un homme dont les liens sont bien établis, dont le passé est bien établi aussi. Nous voyons, en définitive, à l'origine de cette affaire quels sont les hommes que nous aurons ensuite à accuser.

L'agent Pech, dit de Cadel

Il y en a un autre, c'est l'auteur du portrait du lord protecteur Cromwell au manteau rouge et la main sur le sceptre. Je parle de M. Pech de Cadel.

Il est bon de vous le faire connaître, ce ne sera pas bien long. Voici ce qu'il est :

Pech-Cadel — car s'il est « de » pour le monde, il ne l'est pas pour la justice — est né à Lodève, il a fait de bonnes études, et il faut bien le dire, il est entré à l'école de Saint-Cyr.

Au cours de la campagne de 1870, il fut nommé capitaine ; mais la commission de revision des grades le remit sous-lieutenant. Plus tard il fut officier d'ordonnance du général Janin.

A cette époque il se lia avec Mme B..., qui lui fit contracter de nombreuses dettes.

Venu à Paris en 1879, M. Pech de Cadel, qui avait dissipé tout son patrimoine, commençait par faire, à la salle du boulevard des Capucines, des conférences sur le phonographe. Il s'occupait de courtage pour les assurances. Il était fort besoigneux et passait même pour vivre quelque peu aux dépens d'une demoiselle K..., fille galante.

En 1883, il se fit dans la presse un certain bruit autour de son nom. Il avait inventé une conspiration, et un journaliste fut condamné à 1 franc d'amende et 1 franc de dommages-intérêts.

Pech fut condamné à son tour, le 26 août suivant, à un an d'emprisonnement.

Encore un ami qui a eu des malheurs ; et il m'est impossible pour celui-là de dire quels malheurs il a subis, parce que, pour prononcer les peines dans le genre de celles qui ont frappé Pech, il faut à la cour d'assises demander le huis clos.

Il a donc été condamné à une année d'emprisonnement. Cette peine a été réduite à six mois par décision gracieuse.

Lorsque Boulanger commença à faire parler de lui, Pech publia dans le *Paris-Journal* une biographie du général Boulanger, qui parut ensuite en brochure, avec portrait et illustrations.

Le mois suivant, il en fit publier une autre, et ensuite une troisième.

Il est également l'auteur d'une brochure intitulée : *La Vérité sur le général Boulanger.*

Dans toutes ses publications, Pech ne visait que la question de gain, et le programme du général qu'il avait créé en 1888. Nous avons tous ces renseignements sur Pech de Cadel, et à mon parquet j'en ai trouvé un autre qui a été mis dans le dossier : c'est un renseignement qui émane de Pech lui-même : l'année dernière Pech a porté plainte en escroquerie et abus de confiance contre Boulanger, qui ne voulait pas lui remettre la totalité des émoluments qu'il lui avait jadis promis pour ses droits et frais de courtage.

Et, trois jours après avoir déposé cette plainte à mon parquet, M. Pech de Cadel m'envoya ou envoya à mon prédécesseur une lettre de désistement en annonçant que, avis ayant été donné par lui de la plainte qu'il avait portée, il avait reçu satisfaction pécuniaire dans l'intervalle.

Voilà donc encore un ami.

Foucault, dit de Mondyon

En voici un autre dont j'ai l'histoire depuis hier, et cela a beaucoup d'intérêt à un certain point de vue, parce que nous allons, en vous lisant cette lettre, vous montrer, par avance, que, dans peu d'heures, messieurs, lorsque nous exposerons une certaine question de détournement de 30,000 francs, nous apporterons avec cette pièce la réfutation la plus écrasante du système paradoxal qui a été essayé depuis quelques jours.

Pour le moment, je tiens à vous faire connaître cette lettre, parce que, au moment où nous allons voir Boulanger se lancer à l'escalade du pouvoir, nous saurons aussi quels sont ses états, quels sont ses amis ; vous vous rappelez le vieux proverbe : nous serons satisfaits, je crois, tous, de savoir qui il hantait.

C'est un nommé Foucault, celui-là, qui, pour une certaine littérature, s'appelle, je crois, M. de Mondyon.

Voici ce que c'est que ce Mondyon, qui a délivré un reçu de 32,000 fr., il y a quelques jours, paraît-il.

« Le nommé Foucault, dit de Mondyon, est né dans la Charente-Inférieure, en 1849.

» Ancien précepteur des enfants du prince de Caraman-Chimay, il n'a jamais eu de fortune personnelle ; il a toujours vécu jusqu'à ce jour d'intrigues et d'escroqueries. Il avait fondé autrefois, rue de Balzac, avec une dame Meillan ou Meilhan, — retenez-bien ce nom, messieurs, — une agence de banque et un journal ayant pour titre *le Syndicat.* Mme Meillan, — c'est l'associée, — qui tenait à cette adresse une pension de famille, faisait également du proxénétisme.

» Elle fut arrêtée et condamnée à cinq ans de prison et à cinq ans de surveillance. » Après sa condamnation, on atténua un peu la durée de sa peine, à la condition qu'elle quitterait la France. Elle fut s'établir à Berlin. Dans ce pays — continue le rapport qui m'est expédié avec la signature du préfet de police lui-même, à la date d'hier ou d'avant-hier — dans ce pays, à Berlin, « Mme Meillan, qui avait toujours conservé des relations avec Foucault, — c'est M. de Mondyon, — servit d'agent secret au gouvernement français ; mais, en même temps elle renseignait la police de M. de Bismarck. Foucault était, dans ses opérations, son intermédiaire à Paris.

« On ne sait pas à quelle époque Mme Meillan est rentrée dans la capitale ; mais depuis trois ans au moins, elle demeure avec Foucault — de Mondyon — telle rue, tel numéro.

» Cette dame a également servi d'agent secret au général Boulanger quand il était ministre de la guerre, et même après.

« On affirme que des Allemands venaient chez Foucault pendant la nuit. Après le retour de Berlin de la dame Meillan, ce serait une dame veuve Moret — je vous indique le nom — qui aurait reçu pendant quelque temps les correspondances allemandes de M. de Mondyon.

» M. Mouton, secrétaire du général qui a son appartement même rue, était également un intime ami du faux ménage de Mondyon ; on est d'avis que Foucault — M. de Mondyon — et sa maîtresse doivent avoir chez eux des documents précieux. »

Vous voyez quelle est leur moralité, leur passé judiciaire, n'est-ce pas ? Eh bien, ils ne se cachent pas pour dire que si Boulanger arrivait au pouvoir, ils seraient haut placés, et se vengeraient de ceux qui leur auraient fait du tort.

Et puis, ces deux petites lignes que je vous rappellerai avec soin quand il s'agira des faits d'indélicatesse, ces deux petites lignes qui sont les dernières, mais qui ne sont pas les moins importantes :

« Dans le fac-simile du reçu de 32,000 fr. » — c'était le système de défense de ces jours derniers — « la femme Moret, celle qui recevait les correspondances allemandes, a reconnu l'écriture de Mme Meillan» ; mais nous avons dans ce rapport de police un autre paragraphe qui ne manque point d'un certain intérêt, c'est à savoir que — et ici je cite textuellement comme si, scribe, j'ouvrais les guillemets :

« Le nommé Foucault est allé à Londres la semaine dernière pour rendre visite au général Boulanger, et il en est revenu avec plusieurs billets de mille francs. »

On trouverait là peut-être — je le ferai en discutant — une explication facile du fac-simile.

Propagande effrénée

Le procureur général fournit des détails très circonstanciés sur l'organisation de plus en plus large de la propagande boulangiste. Il montre Boulanger dirigeant en personne ou par l'intermédiaire de ses complices, la distribution de ses portraits, de ses biographies. Le scandale devenant trop vif, Boulanger écrit au préfet de police pour le prier officiellement de réprimer cette propagande qu'il continue à activer à outrance par dessous main.

L'imagerie française finissant par coûter cher, Boulanger, — toujours patriote ! — s'adressa à l'industrie allemande et fit fabriquer à bas prix ses chromolithographies par la maison Gustave Seitz, à Wanorbeck, près Hambourg.

C'est un sieur Borel, encadreur, qui les distribue aux camelots. Ces *chromos* allemands représentent les uns le général Boulanger en buste ; les autres à cheval au milieu d'une bataille !

LES TRIPOTAGES
L'affaire du café en tablettes

Entre autres amis intimes, Boulanger avait Buret, son représentant à Paris, celui qu'il chargeait de salir dans la presse certains généraux de l'armée, je vous l'ai montré il y a une heure. J'ai prouvé, pièces en main, leur liaison étroite ; j'ai établi par les lettres de l'accusé que son confident était chargé par celui-ci de certaines missions politiques. Mais à cette époque, lorsqu'il était en Tunisie, Boulanger était à court d'argent. C'était le moment où il n'avait pu payer les frais de la dernière maladie de son père. Et si Buret n'était pas à court d'argent, il l'était toujours un peu, mais il était souvent en quête d'affaires. Les deux amis se livrèrent donc de compte à demi à deux opérations édifiantes que nous allons passer successivement en revue.

D'abord, il s'agit de l'affaire des cafés. Buret l'expose ainsi dans sa déposition écrite : « Un sieur Maréchal avait imaginé de préparer des rations de café sous forme de tablettes, ce qui pouvait être une simplification de la préparation du café pour l'armée.

» Il s'adressa à moi pour faire expérimenter ce produit, et me promit une commission importante, si je réussissais à lui faire passer un marché avec le ministre de la guerre.

» Je m'adressai alors au général Boulanger pour lui demander de faire faire l'expérience de ce produit par les troupes dont il avait le commandement en Tunisie. Il accepta et il fut convenu entre nous que, si l'affaire aboutissait, nous partagerions la commission qui m'était promise. *Cette commission devait être du chiffre de deux cent dix mille francs*, et vous devez trouver l'indication de ce chiffre dans une lettre qu'il m'engagea lui-même, pour plus de sûreté, à me faire écrire par M. Maréchal.

» Le général Boulanger reçut ensuite des explications personnelles de M. Maréchal, et il m'adressa de Tunis une dépêche m'annonçant que je pouvais compter sur lui, que l'expérience du café allait être faite.

» Cette expérience eut lieu en effet à l'aide de dix mille rations qui lui furent expédiées, mais les résultats n'en furent pas satisfaisants et les rapports des fonctionnaires sous les yeux desquels elle avait été faite, y furent défavorables.

» C'est alors que le général Boulanger, de retour en France, m'adressa une carte pour m'annoncer qu'il n'y avait rien à faire.»

Toujours menteur

Je vais vous dire pourquoi. Tenez, quoique nous soyons en Tunisie, permettez-moi d'aller pour deux ou trois minutes à Clermont-Ferrand. A Clermont-Ferrand, Boulanger y arrive au mois de juillet. Quatre jours après son arrivée, il vient clandestinement à Paris. *Il le nie*, et, pour faire croire qu'il n'est pas à Paris pendant qu'il y est, il écrit à un de ses amis, M. Lhur, une lettre destinée à la publicité, un manifeste politique et il le date du 14 juillet. Voilà la sincérité de l'homme ! Lorsqu'il va se faire interroger par certains journalistes pour calomnier le ministre de la guerre à propos de l'affaire Caffarel, le ministre lui dit: « Oui ou non, est-ce vous qui avez répondu cela aux journalistes ? »

Savez-vous ce qu'il a répondu ?

« Mais je ne sais pas de quels journaux vous voulez parler ? Le *Matin* ? Je ne connais pas le *Matin* à Clermont. » Or, le ministre qui répond par ce télégramme, qui pour tout autre eût été très cruel et qui, pour lui, n'était que juste.

« On lit le *Matin* à Clermont dans les journaux qui le reproduisent. Voilà la réponse que je vous convie à me faire avant neuf heures et demie: Oui, c'est moi qui ai dicté l'article ou : non, ce n'est pas moi qui l'ai dicté. »

Et, à neuf heures et demie moins cinq minutes, Boulanger répond : « *Oui, je suis l'auteur de l'article.* »

Voilà la sincérité de l'homme !

Plus tard, Boulanger se trouve interpellé sur la question des voyages clandestins de Paris. Il donne sa parole au ministre qu'il ne viendra pas à Paris sans permission, il la lui envoie par une lettre antidatée, et au moment où il écrit cela, et il y est caché à l'hôtel du Louvre.

Il se porte candidat aux élections et il écrit au ministre: « Je donne ma parole d'honneur que je ne m'occupe pas de politique. » Voilà l'homme. Sa vie tout entière n'est qu'un mensonge.

Le rôle de M. Granet

Je vais vous dire à quel personnage on a attribué la propriété de cette initiale : c'est à M. Granet, député, domicilié à Paris,
et dont le nom commence par un G.

M. le président de la commission d'instruction a alors entendu
M. Granet comme témoin, pour savoir si c'était de lui qu'il était
question. Voici, sur ce point, la déposition de M. Granet :

».Je remercie la commission d'instruction d'avoir bien voulu
me permettre de lui donner des explications sur les conditions
dans lesquelles mon nom aurait été indiqué dans les dépositions
ou documents qu'elle a reçus.

» J'ai été mis en rapport avec M. Maréchal, non par M. Buret,
mais par une personne fort honorable. M. Maréchal, après m'avoir
exposé les propositions qu'il devait soumettre à l'administration de
la guerre, me demanda une introduction auprès de M. le général Campenon.

» Je la lui donnai, et, depuis ce moment, dans aucune circonstance, je n'entendis reparler ni ne reparlai moi-même de cette
affaire.

» Là se bornent mes rapports avec M. Maréchal qui est mort.»

Voilà la déposition de M. Granet. N'est-ce pas assez ? Il déclare
que ce n'est pas lui qu'on a désigné par l'initiale G.

Mais ce n'est pas tout; M. Quesnay de Beaurepaire fournit des détails
complémentaires très développés sur l'opération ; il produit des témoignages sur les pots-de-vin. Il montre Boulanger gourmandant de ses len-
teurs Buret, qui avait reçu acompte de 6,000 francs sur la commission
et l'avait partagé avec un personnage désigné par la lettre G. Les essais
du café ayant été malheureux, l'affaire est abandonnée et un des inté-
ressés, le nommé Aragon, écrit à Buret :

« En présence de tout ce délabrement, je me demande forcé-
ment aujourd'hui qu'est-ce que M. Boulanger a fait en notre faveur à tous pour le lancement de l'innovation, et à quoi a servi
l'immixtion de M. Granet ?

» Les 6,000 francs divisés en deux, dès l'origine, n'auraient
donc servi à rien du tout !

» Il y a nombre de nos amis communs qui se sont réciproque-
ment exprimés ainsi. »

Quand l'affaire est finie, voilà donc Aragon qui déclare qu'à
l'origine on a donné un pot-de-vin à valoir de 6,000 francs, et
qui dit : Mais alors, qu'est-ce que le général Boulanger a fait
pour nous ? Les 6,000 francs de l'origine n'ont donc servi à rien ?

Je crois que Boulanger, en face d'une accusation qui de vient si
précise, ne pourrait pas s'abriter utilement derrière l'initiale douteuse de G., que j'ai indiquée tout à l'heure.

Le marché des épaulettes

Les épaulettes ayant été supprimées par le général Lewal, un fabricant nommé Dupuy, qui avait en magasin un stock important d'épaulettes, alla trouver Buret et lui offrit une commission de vingt centimes
par paire d'épaulettes s'il les lui faisait vendre à raison de 2 fr. Buret
propose l'affaire à Boulanger, en lui offrant de partager les commis-
sions. Boulanger accepte. Il s'empresse de recommander Buret et Dupuy
à la bienveillance des généraux Mercier et Gervais. Cette fois encore le
nom de M. Granet est mêlé à l'affaire.

M. Granet avait encore été non pas pris à partie, mais indiqué
comme pouvant, par son nom, couvrir le général Boulanger,
comme dans l'affaire des cafés.

M. le président de la commission d'instruction a reçu la déposition que voici sur ce point :

« Quant à M. Dupuy, je ne l'avais jamais vu avant la fin de
l'année 1887. Je me souviens cependant que M. Buret me pria très

instamment de rappeler au souvenir du général Boulanger, alors ministre de la guerre, une réclamation de M. Dupuy. Je le fis.

» Le général me répondit qu'il était imposé comme une règle invariable et absolue de ne traiter directement aucune réclamation d'entrepreneur; que celle-ci, comme toutes autres, serait examinée par la direction compétente, et qu'il adopterait la solution proposée par le service. »

La première ligne de cette déposition me paraît décisive, où il faudrait dire alors que M. Granet a trompé la commission d'examen, et a prêté, avec l'intention de mentir, le serment de dire la vérité.

Le réquisitoire démontre la culpabilité de Boulanger dans cette nouvelle affaire par des charges accablantes :

Je crois que quand, partout où il passe, un homme même qui crie : A bas les voleurs ! en parlant des autres, fait toujours dire de lui qu'il y a, dans toutes ses affaires, des probabilités de vol, je crois, dis-je, que cet homme est d'une indélicatesse extrêmement probable.

Mais quand il s'agit de Boulanger, c'est bien pire, parce que, au moment où j'arrive à ces faits et à l'examen de ces renseignements de moralité, je vous ai déjà montré, prouvé les actes les plus vils de la part de Boulanger, général commandant en Tunisie, et les détournements les plus certains à la charge de Boulanger, ministre de la guerre.

Le complot et les complices

Il est donc bien établi que lorsque Boulanger a quitté le ministère, le complot était ourdi. Dès le lendemain, je vais vous en faire toucher du doigt le fonctionnement.

La bande existait, et je ne serai pas bien longtemps avant de faire entrer en scène ceux qui en ont été avec Boulanger les auteurs principaux.

Messieurs, vous sentez bien, vous devinez bien au ton que je prends depuis que j'ai l'honneur de parler devant vous, que je ne suis pas un magistrat cherchant à passionner le débat et à faire en quoi que ce soit de la politique; je me préoccupe seulement de l'application des lois, et, en fait de politique, je n'ai qu'une idée : Y a-t-il en France un gouvernement légal ? A-t-on cherché par des moyens illicites à détruire et renverser ce gouvernement ? Voilà toute la question.

Jamais je ne sortirai de ce cercle. Mais j'ai bien le droit, quelle que soit la discrétion que j'y apporte, j'ai même le devoir de vous indiquer que, lorsque Boulanger était au ministère, lorsqu'il avait son portrait en Cromwell accroché jusque dans les chaumières, à ce moment-là, lui et les gens qu'il recevait dans des conditions si mystérieuses n'étaient séparés du pouvoir que par quoi ?... Par un échelon à franchir !

Presque en face de la rue Saint-Dominique, il y avait un autre palais occupé par un octogénaire; et, entre ces deux palais, il y avait place pour tous les rêves, pour tous les désirs; et, peut-être, comme cela arrive fréquemment en matière de cupidité successorale, on regardait l'homme de quatre-vingts ans pour voir si sa taille n'était pas plus courbée, et si l'échéance n'était pas prochaine.

Boulanger avait cherché à se débarrasser du général Saussier, dont la loyauté l'inquiétait; n'ayant pu y parvenir, il organisa avec Rochefort un mouvement d'opinion tendant à le maintenir au ministère en qualité d'homme indispensable, et de *sans-peur*. Boulanger remerciait affectueusement les gens qui lui écrivaient pour l'encourager dans son attitude factieuse. Au ministère de la guerre, il ne s'était occupé que de son intrigue personnelle. La déposition du général Ferron, son successeur, réduit à néant toutes les hâbleries de ses apologistes salariés sur ce qu'il prétendait fait au point de vue de notre organisation militaire.

Une dame lui ayant fait part d'un article du *Figaro* dans lequel son incurie était démontrée, il répondit :

« Ma chère petite, les gens du *Figaro* sont des coquins, et toi tu es une bête si tu les crois. »

Il avait tout désorganisé, et c'est au nom du patriotisme que Rochefort le soutenait.

On va voir ce que vaut le patriotisme de

Rochefort

Rochefort est connu dans notre pays comme ayant, depuis plus d'une génération, été l'éternel prédicant de la guerre civile.

Il n'est point nécessaire de recourir à sa biographie, ou de faire allusion à des condamnations que l'amnistie a couvertes : qu'il reste couvert par l'amnistie ; il lui manquera toujours une chose qu'il a perdue, même avant de passer devant le conseil de guerre, l'estime des Français, à quelque opinion qu'ils appartiennent, et, l'amnistie ne le couvrant point de cela, c'est dans ces termes que je vous le livre.

Aujourd'hui Rochefort, au nom... d'un chef de parti qui prétend avoir le monopole du patriotisme, Rochefort joue de la lyre patriotique ; pour nous injurier, il nous traite d'Allemands et, pour saluer son maître, il l'appelle « général Revanche ! »

Ah! dans quelle bouche se trouvent donc de pareils compliments, de pareilles insultes ? Je vais vous le dire. Dans la bouche d'un homme qui, en février 1871, alors que nous, les Parisiens, nous, les pauvres soldats, nous étions obligés de laisser tomber nos fusils à terre, alors que les Allemands campaient autour de Paris, alors que s'organisait cette abominable saturnale qui devait être leur dernière joie, écrivait les lignes que je vais vous faire connaître.

C'est à ce moment que Rochefort prit la parole, dans un article dont je vais vous lire la moitié. Ce sera sa condamnation. Rochefort, en février 1871, l'homme à qui un général français, Boulanger, serre la main, Rochefort s'est donné pour tâche, avec ce ton railleur, ton gouailleur que vous lui connaissez, d'insulter la patrie vaincue et l'armée prisonnière.

Ah ! c'est bon à faire savoir, cela, parce qu'il faut que le pays connaisse ces gens-là, et jusqu'au bout j'aurai le même soin de les faire démasquer. Eh bien, voici l'article du nommé Rochefort, et quand je l'aurai lu,— je le dis ici, c'est la seule parole violente que j'aurai à prononcer — lorsque vous aurez entendu cet article, je n'en parlerai plus parce que le dégoût me clora la bouche.

« Les Allemands sont incontestablement atroces, Bismarck médite d'ouvrir avec nos dépouilles le magasin des 100,000 pendules, von Moltke, von Vœrder tous les von d'outre-Rhin nous font payer les heures d'armistice dont nous avons besoin comme un limonadier fait payer les heures de billard ; ils ont dévalisé nos fermes, crevé nos toitures, ils ont tout violé, tout fusillé, tout volé, eh bien ! c'est à peine si ces assassins et ces chapardeurs ont commis la moitié des crimes dont les armées françaises se sont rendues coupables avant de donner leur démission à Sedan. »

N'est-ce pas qu'il est bien flétri par tout le monde, par tous ceux qui ont un cœur français dans la poitrine, le misérable qui a écrit ces lignes ?

Je continue : « Les Allemands en France ont fusillé des maires de village, qui ne pouvaient payer les contributions de guerre auxquelles ils avaient été taxés, les Français au Mexique ont pendu des patriotes qui refusaient de prendre au sérieux l'autorité d'un nommé Bazaine qui s'est illustré depuis sous les remparts de Metz. Les Allemands ont emporté les meubles du château de Saint-Cloud; les Français sont allés jusqu'en Chine voler les émaux, les brûle-parfums du palais d'Été; les Allemands ont mis le feu aux meules de blé pour couper court à tout ravitaillement; les Français, dans les campagnes d'Afrique, coupaient les oreilles aux femmes arabes pour s'éviter la peine de détacher les anneaux qui pendaient après! »

Ah! croyez-le, au point de vue de la salubrité publique, il est bon que ces choses-là soient connues. Est-ce tout? « Nos vainqueurs ne sont pas plus cruels envers nous que nous n'avons été féroces envers nos vaincus, et nous ne déblatérerons jamais autant contre les Prussiens de 1871 que ceux de 1813 n'ont déblatéré contre nous. »

« Les gémisseurs politiques se sont beaucoup plaints que les grandes puissances étaient restées froides pendant nos désastres. Cette froideur est encore à mon avis plus que nous ne pouvions espérer. Elles étaient parfaitement en droit — c'est de l'Europe qu'il parle — de sauter de joie à chacune de nos défaites et de dire : « Si jamais nous sommes pillés, ce ne sera toujours pas par ceux-là. »

Voilà, messieurs, Henri Rochefort. Il est cloué là, et personne ne l'en déclouera jamais.

Le faux comte Dillon

C'est au moment de l'arrivée de Boulanger à Clermont-Ferrand que Dillon entre en scène. A Clermont, le commandant en chef du 13ᵉ corps d'armée est rejoint par Baillière, ancien membre de la Commune, évadé de la Nouvelle-Calédonie en compagnie de Rochefort, qui l'a placé auprès du général en qualité d'intermédiaire et de confident.

Nous allons voir maintenant que M. Boulanger a agi à Clermont, tout le temps de son séjour, en conspirateur, et nous en avons la preuve matérielle, — nous sommes en plein ici dans le complot. — Nous en avons la preuve dans ce fait, que dès son arrivée à Clermont, Boulanger et les siens possédaient un système de correspondance chiffrée, et je ne sache pas que nous ayons l'habitude de nous munir, pour correspondre avec nos amis, de codes contenant des correspondances chiffrées, dont on avait fait multiplier les difficultés de traduction par la main extrêmement savante du sieur Dillon. Or, c'est ce qui est arrivé, et c'est ce qui m'amène à vous prononcer le nom du second complice de M. Boulanger.

Lorsque Boulanger s'est établi à Clermont, immédiatement il a correspondu par dépêches chiffrées. Ces dépêches se trouvent expliquées par des codes qui en donnent la clef, et nous en ont ainsi permis la traduction partielle; mais, par suite de raffinements extrêmement curieux, indiquant une grande force d'intelligence. Dillon était parvenu à les rendre à peu près indéchiffrables.

C'est à tel point, messieurs, que, jusqu'à l'époque très récente où une perquisition heureuse nous a fait saisir la cantine du général Boulanger et, sous ses paquets personnels, la collection des codes, il avait été impossible de traduire la moitié, tout au moins le tiers de ces dépêches chiffrées. Comment y est-on arrivé? Parce que, dans cette bienheureuse cantine qui contenait des secrets curieux, nous avons trouvé en particulier une grande lettre manuscrite du sieur Dillon qui faisait la leçon à chacun et qui, par des formules quasi-algébriques, livrait à chacun un procédé indéchiffrable de correspondance.

C'est bien, je crois, un acte de complicité de complot que celui de la fabrication de ces pièces, qui ne peuvent servir qu'à des conspirateurs; et alors j'ai le droit de dire qu'en rencontrant ici Dillon qui commet ces actes, je rencontre Dillon complice.

Le sieur Dillon, qu'on appelle dans le monde comte Dillon, le sieur Dillon a trouvé que dans mon acte d'accusation, où j'avais montré non seulement une discrétion de magistrat, mais une réserve d'homme du monde, j'attaquais d'une façon excessive sa personne et que non seulement je donnais des renseignements inexacts, mais que j'allais bien au delà des renseignements que je possédais dans le dossier.

Ah! il a commis là une singulière bévue ! Et comme il est nécessaire de tout connaître et que nous ne voulons pas laisser courir dans le public de ces justifications mensongères qui auraient tpour conséquence précisément d'empêcher la vérité de luire à ous les yeux, ce qui est indispensable, je vais laisser la parole au dossier qui ne sera ni magistrat ni homme du monde et qui dira tout.

Eh bien, voici, messieurs, ce qu'est le sieur Dillon, coauteur du complot et complice de tentatives d'attentat.

Autant pour gagner du temps que pour prouver que mon témoin n'est pas indigne de foi, je vais arriver à la lecture d'un rapport qui, je crois, lui, ne laissera rien à désirer.

« M. Dillon (Arthur) est né à Paris le 18 mars 1834. Après le décès de sa mère, il a épousé, le 18 février 1882, une demoiselle X... — peu importe le nom ; — tous deux ont reconnu, afin de les légitimer, deux fils, l'un né de M. Dillon et de mère inconnue, l'autre né d'une demoiselle X... et de père non dénommé. Avant son mariage, Mme Dillon habitait Bordeaux et était, dit-on, chanteuse au Grand-Théâtre... » Ici, aucun devoir ne me forcera de vous lire la fin de cette phrase ; je prierai seulement les membres de la Haute-Cour de vouloir bien la lire en chambre du conseil, pour être édifiés tout à fait sur le compte de M. Dillon:

« ... En sortant du service, — c'est un autre ordre d'idées, — M. Dillon s'installe rue de Lévis; il avait chevaux et voitures et menait un grand train de vie. On prétend, il est vrai, que sa maîtresse, qui demeurait... lui venait souvent en aide par des prêts ou des dons en argent ; on a même dit qu'il vivait complètement à ses dépens... »

Quand j'ai rédigé l'acte d'accusation, j'avais tout cela sous les yeux, et sur tout cela, à cette époque, j'avais trouvé qu'il était possible de garder le silence ; je suis bien aise cependant qu'on m'ait forcé de vous le faire connaître.

«... Au bout de deux ans de cette existence, il fut traqué par ses créanciers et déménagea. Son propriétaire fit saisir ses chevaux et ses équipages, en garantie d'une somme de 500 fr. qui lui était due.

» En quittant cette adresse, il alla demeurer chez sa maîtresse, qui, bientôt après, le congédia, parce que, prétend-on, il dépensait trop d'argent et qu'elle ne pouvait suffire à ses exigences.

» Cette rupture accomplie, M. Dillon, se trouvant sans ressources, se réconcilia avec sa mère, qui demeurait alors dans telle rue, où il trouva la table et le logement.

« Ce genre de vie lui convenait peu et pour être plus libre, il loua, à l'insu de sa mère, rue Jean-Goujon, un appartement où il installa sa maîtresse qui avait deux enfants.

» N'ayant pas l'argent nécessaire pour remonter sa maison, il essaya de se faire livrer des voitures par Vicart et Cie, carros-

liers, offrant d'en solder le montant par des actions : — écoutez-
bien. — Les titres qu'il offrait en paiement étaient sans valeur,
et la société qui les avait émis, l'*Union des Familles*, avait été
créée en Belgique par M. Philippart, le financier bien connu.
MM. Vicart et Cie refusèrent le marché; M. Dillon fit une tentative analogue auprès de M. Labourdette, carrossier, avenue
Malakoff, mais sans plus de succès. Alors il loua une remise,
3 *bis*, rue Pierre-Charron, et chercha à faire l'acquisition de
quatre chevaux chez Perrault, lequel, après renseignements pris,
refusa de livrer les chevaux.

» Afin de capter la confiance des personnes auxquelles il avait
affaire, Dillon se disait propriétaire de carrières de marbre, ou
bien, quoiqu'il fût célibataire, il prétendait devoir hériter de son
beau-père, vieillard qu'il représentait comme âgé de quatre-vingt-
quatre ans.

» Par ce qui précède, on voit que Dillon ne jouissait d'aucun
crédit et qu'il ne cherchait même qu'à faire des dupes.

» Cette gêne se serait prolongée jusqu'en 1878 ou 1879. On
constate que la situation pécuniaire de Dillon ne semble s'être
améliorée qu'après la dernière émission de la compagnie du télé-
graphe de Paris à New-York.

» Son acte de naissance ne fait aucune mention d'un titre no-
biliaire — je l'ai sous les yeux, et cela est certain, — et il n'aurait
pu en justifier lors de sa nomination au grade d'officier de la Légion d'honneur.

» Il s'est rallié dès le début aux entreprises de Boulanger et l'on
se rappelle le procès qu'il intenta au journal le *Matin*, à la
suite de la divulgation faite par ce journal de dépêches échangées
entre Paris et Clermont-Ferrand.

Au mois d'octobre suivant, il aurait eu, à Londres, au nom du
général Boulanger, une entrevue avec un très grand personnage et
dans un but qu'on ignore.

Je passe ces détails qui sont purement politiques, mais qui nous
indiquent que Boulanger se servait de Dillon, dont le passé
vous est maintenant connu; qu'après avoir été renvoyé de chez
certaines femmes parce que l'on trouvait les exigences un peu
trop ruineuses, il s'en va, pour se faire remettre des marchandi-
ses, présenter des chiffons de papier qui, sous le vocable d'actions de sociétés industrielles, n'ont pas même la valeur du poids
chez l'épicier.

Eh bien! c'est l'homme qui est chargé des grandes missions
publiques; et à la fin de ce rapport on nous dit :

« Il se serait alors occupé de former un syndicat de capi-
talistes étrangers connus pour leurs attaches non républicaines
— vous le devinez bien — et il aurait réussi à trouver un certain
nombre de banquiers disposés à fournir des fonds en vue de
l'instauration de Boulanger au pouvoir.

» Ces fonds devaient servir, le moment venu, à faire un coup
d'Etat qui, d'après ce qu'on espérait, serait pacifiquement accueilli des puissances étrangères. »

Voilà donc, messieurs, les renseignements que nous avons
recueillis sur M. Dillon: nous savons maintenant, au point de
vue de ce que j'appellerai sa vie civile, ce qu'est le faux comte Dillon.

Le procureur général examine ensuite la carrière militaire d'Arthur
Dillon, officier détestable, mal noté, dont le général de la Salle a dit :
« *Officier à ne pas maintenir en activité; n'a jamais paru au régiment.* » Criblé de dettes criardes, il démissionna en 1869. Il était tout
indiqué pour servir d'aide de camp à Boulanger. C'est lui qui avait
imaginé le chiffre au moyen duquel s'effectuait la correspondance secrète
des conspirateurs entre Clermont-Ferrand et Paris. Dans cette corres-

pondance Boulanger, était désigné sous le nom de *Spes* (Espérance).
Thiébaud s'appelait : Mme X... (le nom de sa belle-mère); Déroulède:
Mlle Maldagne, ou Flachon, ou encore Mlle Prudence-Biausse.

L'étoile du grand homme

Certains hommes politiques prirent l'éveil et percèrent déjà
Boulanger à jour. Sans vouloir faire entrer dans cette discussion
un incident qui ne nous concerne guère, il nous faut rappeler qu'à
cette même époque M. Boulanger fut traité par un homme politique, de « Saint-Arnaud de café concert ».

Il a été, à ce moment, parlé d'un duel ; le bruit a été grand, et,
à une femme alarmée, M. Boulanger écrivait une lettre à laquelle
je fais à peine allusion, mais dont je retiens une demi ligne, parce
qu'on y retrouve, d'une manière bien frappante, l'objet de sa préoccupation constante. Il dit à cette femme: « Rassure-toi, pourquoi t'inquiéter? *N'ai-je pas mon étoile ?* »

Voyages mystérieux

Pendant qu'il exerçait le commandement d'un corps d'armée à Cler
mont-Ferrand, le général Boulanger ne s'occupait nullement des affaires
militaires. Ses intrigues absorbaient toute son attention et tous ses
soins. Il échangeait des lettres et des télégrammes chiffrés avec ses
complices, recevait et expédiait des émissaires, et faisait secrètement d
nombreux messages. Ainsi, le 1er janvier 1888, il quitte furtivement
Clermont-Ferrand, après avoir reçu les visites officielles du jour de l'An.

Il se rend à Lyon sous un déguisement et des témoignages divers portent à croire qu'il va conférer à Prangins avec le prince Napoléon.

Déposition du général Logerot

M. le général Logerot a fait ainsi sa déclaration sur ce point :

« Au commencement de 1888, le général Boulanger m'exprima
le désir d'avoir un autre commandement, sous prétexte que
sa situation était devenue difficile à Clermont.

» Je lui répondis que, pour le moment, je ne pouvais lui donner
d'autre commandement; que sa situation à Clermont ne serait
pas difficile, s'il ne voulait avoir d'autres préoccupations que
ses devoirs militaires. Il m'en fit la promesse en ajoutant qu'il
s'était brûlé les ailes deux fois, et que cela lui servirait de leçon.

» Il me demanda de prolonger de quatre jours son séjour à
Paris, ce qui lui fut accordé.

» A quelques jours de là, huit ou dix jours, je crois, je fus
informé par M. le général Saussier que M. le général Boulanger était à Paris, à l'hôtel du Louvre. J'envoyai immédiatement
un de mes officiers d'ordonnance porteur d'une lettre prescrivant
à M. le général Boulanger d'avoir à rejoindre son poste et lui
rappelant que les commandants de corps d'armée ne pouvaient
quitter le territoire de leur commandement sans une autorisation
spéciale du ministre de la guerre.

» M. le général Boulanger partit pour Clermont ; mais, peu
de jours après, il me demandait l'autorisation de revenir à Paris.

» Je lui répondis qu'il ne m'était pas possible d'accéder à sa
demande, que son nom avait été mis en avant au sujet de
prochaines élections, et que, dans son intérêt même, il devait rester
à son poste.

» Quarante-huit heures après, nouvelle demande de venir à
Paris, prétextant l'état grave de la santé de Mme Boulanger.

» J'avais envoyé à l'hôtel du Louvre un de mes officiers
d'ordonnance pour constater l'état de santé de Mme Boulanger, et j'acquis la certitude qu'elle n'était pas malade.

» Je répondis à cette nouvelle dépêche que les raisons qui
m'avaient fait lui refuser la permission demandée deux jours

avant étant les mêmes, j'avais le regret de ne pouvoir revenir sur ma décision.

» Je fus informé de cette faute grave par M. le ministre de l'intérieur, qui communiqua au conseil des ministres diverses dépêches relatives à ce voyage, émanant du préfet du Puy-de-Dôme, du commissaire spécial de Clermont, du commissaire de la gare de Lyon et de divers agents de la sûreté de Paris.

» Les rapports de ces derniers agents faisaient ressortir que M. le général Boulanger ne venait pas à Paris pour des affaires de famille, mais bien pour se mettre en relations avec des personnages politiques.

» Muni de ces renseignements, et ne pouvant pas tolérer, de la part d'un officier général, une faute aussi grave que celle d'avoir quitté son commandement malgré la défense qui lui en a été faite, j'établis un rapport à l'effet de demander la mise en non-activité par retrait d'emploi de M. le général Boulanger; ce rapport, approuvé et signé par M. le Président de la République, parut le lendemain à l'*Officiel*. En même temps, M. le général Boulanger fut avisé par moi de la mesure prise à son égard. Ma lettre lui prescrivait, en outre, d'attendre à son poste l'arrivée de M. le général Broye, auquel il devait remettre le commandement du 13ᵉ corps.

» M. le général Boulanger ne tient aucun compte de cet ordre. Il quitte Clermont pour se rendre à Paris sans attendre l'officier auquel il devait remettre son commandement, et oubliant la prescription ministérielle qui veut que tout officier en disponibilité ou en non-activité ne puisse résider dans telle ou telle ville sans en avoir, au préalable, obtenu l'autorisation.

» Ce sont ces nouvelles fautes contre la discipline qui amenèrent la convocation du conseil d'enquête qui, à l'unanimité, décida qu'il y avait lieu de mettre M. le général Boulanger à la réforme.

» Le rapport établi par le conseil d'enquête ne visa que la question militaire, c'est-à-dire les fautes graves commises contre la discipline.

» Mais, en vertu du droit que lui accordaient les réglements en vigueur, M. le général Boulanger pouvait, devant le conseil d'enquête, faire intervenir, pour sa défense, quelques-uns de ses amis politiques.

» » C'est pourquoi je fis demander à M. le ministre de l'intérieur communication des dépêches qui établissaient les rapports que M. le général Boulanger avait eus avec divers personnages politiques lors de ses voyages clandestins à Paris.

» Ces dépêches formaient un dossier de 24 ou 25 pièces, qui fut communiqué à M. le président du conseil d'enquête.

» Mais, je le répète, le conseil d'enquête n'en fit pas usage et ne visa que la question militaire.

» Seulement, à la fin de la séance du conseil, et lorsque le président demanda à M. le général Boulanger s'il avait quelque chose à ajouter pour sa défense, ce dernier répondit qu'il était convaincu que c'était la question politique qui l'avait amené devant le conseil.

» M. le général Février lui dit alors qu'il n'avait pas voulu sortir de la question purement militaire; mais, puisque lui, général Boulanger, voulait en sortir et l'amener sur le terrain politique, il avait là un dossier dont il allait donner connaissance au conseil. M. le général Boulanger refusa. »

Il a refusé la discussion.

Il s'est trouvé en face de ses pairs, en face de généraux qui l'avaient, à de nombreuses reprises, convaincu d'indiscipline.

C'est un trait de plus à ajouter à la physionomie que vous connaissez déjà. Et lorsque M. Boulanger, excipant de la question politique, a voulu se placer sur ce terrain, M. le général Février a accepté le système de défense et a voulu ouvrir le dossier; mais il paraît que, dès cette époque-là, M. Boulanger n'aimait pas que les dossiers fussent ouverts.

Alliance avec les anarchistes

Ceci étant dit, je dois vous faire remarquer, avant de quitter Clermont avec lui, que, pendant que M. Boulanger était à Clermont, il y tenait une véritable cour politique, et nous avons, en effet, la preuve, non pas par une, mais par dix pièces au moins du dossier, que M. Boulanger, au lieu de s'entourer de l'élément militaire qui était sa force et son honneur, était entouré presque exclusivement — et ici je ne parle plus de ses agents secrets — de M. Baillière, de la Commune, de M. Morphy qui évoquait des souvenirs personnels devant moi à la cour d'assises il y a peu d'années et se vantait bien haut d'être un des énergumènes de la faction anarchiste; enfin de M. Thiébaud qui n'appartenait, on le sait trop bien, ni à l'anarchisme, ni à la Commune.

C'est donc ainsi encadré que M. Boulanger se livrait à des œuvres occultes qui n'avaient point de rapport avec la noble profession qu'il exerçait, et par le caractère multicolore des personnages de son entourage on voit bien qu'il ne cédait pas à une sympathie particulière, mais qu'il concertait déjà un ensemble de menées secrètes.

Les anarchistes Soudey et Morphy entreront bientôt dans l'affaire.

Le sieur Laguerre

Les menées secrètes dont j'ai l'honneur de vous parler par voie d'indication étaient si bien organisées et à l'estime de certains lieutenants — j'entends les lieutenants civils — de M. Boulanger, si près de l'avènement, que nous trouvons, lorsque M. Boulanger est frappé de trente jours d'arrêt, un télégramme émané d'un personnage qui est surtout important dans l'affaire par la peine qu'il s'est donnée pour se créer une importance, mais auquel je laisserai, comme il convient, le simple rôle de sous-officier de la compagnie: c'est le sieur Laguerre.

Le sieur Laguerre envoie donc à M. le général Boulanger un télégramme que je vais vous lire, pour le complimenter, comme il devait le faire, d'être frappé pour indiscipline, et d'être, par conséquent, un mauvais commandant de corps d'armée, puisqu'il devait donner à tous, dans son corps, l'exemple de l'obéissance aux lois et aux règles de la hiérarchie.

Le sieur Laguerre, très heureux d'avoir avec lui un général, qui n'était plus général que de nom, lui envoie, à propos des arrêts dont il a été frappé, le petit compliment que voici, sous forme télégraphique:

« Si nouvelle mesure disciplinaire est exacte, je vous félicite; c'est un suprême honneur... » — chacun entend l'honneur à sa façon — « ... que d'être frappé par les traîtres et les escrocs... » — Notez, messieurs, que le compliment part d'un milieu auquel appartenait Buret ainsi que Mme Pourpe.

Écoutez la fin de la phrase qui est caractéristique: « ... les traîtres et les escrocs qui, pour peu de jours encore, nous gouvernent. »

Ainsi, au mois d'octobre 1888, ces messieurs se croient à la veille de leur arrivée au pouvoir. Et le gouvernement, qualifié par eux dans des termes que je ne daigne absolument pas relever, est ce Gouvernement qui, à leur estime, était à la veille de se chute, puisque le vertueux dictateur était, lui, à la veille de son avènement.

Voilà donc ce qui concerne leurs projets, leurs combinaisons et ce qui révèle en même temps leurs espérances.

A ce moment, on se livrait à des efforts multiples et secrets pour arriver — je ne dirai pas au succès du coup politique, — mais à la possibilité de sa réussite ou de sa durée en faisant cette chose abominable que je vous révélerai par le menu dans quelques instants, en faisant dans tous les rangs de la hiérarchie des fonctionnaires du gouvernement de la République des appels réitérés à la trahison.

Campagne électorale

De Clermont-Ferrand, où il est censé diriger un corps d'armée, Boulanger dirige surtout une campagne électorale effrénée. Il est inéligible, mais qu'importe ce détail ? Le procureur général cite une édifiante correspondance télégraphique :

Voici d'abord une dépêche qui a été adressée par Dillon au général Boulanger, à Clermont Ferrand, le 22 février 1888 ; — ce sont, bien entendu, des dépêches chiffrées dont je vous livre la traduction — : « L'enfant de cœur a écrit à toi que vu impression produite ici par candidature sous le patronage réactionnaire il est indispensable demander ministre permission désavoue par lettre ceux qui ont abusé de ton nom. »

Et puis — vous allez reconnaître ici les conspirateurs — dans la phrase suivante, après avoir donné le conseil d'adresser au ministre un désaveu, on ajoute :

» *La campagne pourra être continuée quand même.* »

C'était chiffré, soyez tranquilles, messieurs ; on n'a pas écrit cela en clair ; mais, par des traducteurs, nous avons eu l'explication de la première phrase, qui nous importait peu, et l'explication de la seconde, qui révèle tout.

M. Dillon continue :

« Les uns pourront dire : Vous voyez ce qui est arrivé, malgré son désaveu ; tandis que, sans désaveu, chacun de dire : Le résultat prouve que le suffrage universel l'ignore.

» Je te résume sa lettre pour te prévenir du mouvement de l'opinion... «

M. Dillon, le même jour, écrivait au général Boulanger, toujours par dépêche chiffrée.

« J'ai reçu lettre. Je l'attends. Bombe éclatant, bouleverse les amis de Paris surpris. Le journal de... » — il est inutile de le nommer — « crie trahison, ne votez pas, c'est manœuvre des opportunistes.

» Les autres amis, plus circonspects, quoique effrayés, se sont abstenus et venus prendre renseignements, criant qu'il démente ou donne instructions.

» J'ai répondu : « Du calme, vous aurez des instructions demain soir ; n'ai pas aujourd'hui, et je prends responsabilité de vous dire : Il demeure étranger, mais non indifférent à ce qui se passe. Ses ennemis faisant manœuvre pour l'écraser, nous devons retourner leur ouvrage en déterminant une ovation... » — et, comme Boulanger est inéligible, on ajoute : — « ... une ovation toute morale dans les sept départements qui ont le droit d'exprimer leurs sentiments. »

» Et puis vient ce dernier mot : Mme de Sévigné disait que dans toute lettre c'était toujours celui-là qu'il faut consulter et interroger avec le plus de soin.

Dillon ajoute :

« Tel est le mot d'ordre. »

Ainsi, nous voyons qu'il y avait, à ce moment, jeu double et comédie secrète. D'une part, la machination politique; d'autre part le mot d'ordre.

Par conséquent, Boulanger, à ce moment, était bien au fait de toutes choses, grâce à cette connivence qui est établie par les pièces écrites.

Ah! on ne dira pas que ce sont des pièces que nous avons fabriquées, celles-là! M. Boulanger se trouvait donc parfaitement le directeur, je ne veux pas dire de cette campagne, mais de ces intrigues électorales, et hors d'état de pouvoir donner sa parole de soldat qu'elles lui étaient étrangères.

Nous allons voir maintenant d'autres dépêches télégraphiques. M. Dillon vient d'écrire ce que je vous ai lu ; Boulanger est bien au courant de ce qu'on dit et de ce qu'il faut répondre, du mot d'ordre qu'on demande et du mot d'ordre qu'on doit donner, et il envoie à Dillon une réponse ainsi conçue :

« Reçu ta dépêche. Impossible pour dîner samedi; prendre dimanche si tu le veux et dis-le moi. Je viens d'écrire. Certainement vois. J'approuve tout.

« Amitiés. » GEORGES. »

« Je compte même voir... » — il y avait ici un nom propre qui a été mal traduit, et c'est tant mieux — « ... sauf avis contraire. Je n'ai pas écrit par manque de temps, non parce que je n'avais pas matière à dire. Il nous faut dîner samedi chez de X..., télégraphie-moi oui, ou donne-moi un autre jour. Je te prendrai vendredi.

« A toi. » DILLON. »

Nous avons dès lors ici, sans qu'il soit besoin de faire d'autres emprunts à la procédure écrite, la certitude que Dillon et Boulanger correspondaient à propos des élections et que lorsque Dillon, se trouvant à Paris, dirigeait les journaux d'une nuance et les journaux d'une autre nuance pour arriver à former ce qu'il appelle si bien « l'accord », à ce moment M. Boulanger lui écrivait : « J'approuve tout! »

Les élections

Les élections ont eu lieu. M. Thiébaud s'est empressé de féliciter M. Boulanger :

M. Boulanger répond à M. Thiébaud, mais ce n'est pas à lui qu'il adresse sa réponse : c'est à Mme Delouette, 33, quai Voltaire, à Paris : car c'est sous ce nom de guerre que M. Thiébaud opère politiquement.

« J'ai reçu votre télégramme. Merci. Parfait! Voilà le moment de travailler fermé la presse. »

Il faut tirer bénéfice de l'agitation dans laquelle on a jeté le pays par ces élections provoquées en faveur d'un inéligible; il faut donc travailler ferme la presse.

Peut-être Boulanger a-t-il trouvé que M. Thiébaud ne travaillait pas d'une main assez ferme; aussi écrivait-il le même jour à M. Dillon, toujours par dépêche chiffrée :

« Ai appris les résultats. Très bons. Il faut maintenant travailler ferme... » — c'est son mot — « ...la presse et X... »

C'est le nom d'une personne qu'il est inutile de faire connaître.

Il fallait donc travailler ferme la presse, et aussi certain personnage politique, parce que Boulanger trouvait que les élections dont il venait d'être le bénéficiaire n'étaient que des fondations sur lesquelles il y avait à construire. Telle est la situation au lendemain de l'élection. Seulement, le surlendemain, on est obligé de déchanter un peu, parce qu'une révélation se produit sur le pavé de Paris, à savoir que le gouvernement très patient jusque-là, s'était enfin ému et trouvait que le rôle joué par le général Boulanger n'était ni celui d'un général ni même celui d'un bon citoyen. Et alors M. Dillon envoie la dépêche suivante :

« 28 février. — On dit que, au conseil des ministres de ce matin, il a été décidé une enquête pour démontrer ta participation aux élections. Je t'en avise, télégraphie-moi demain ; réception de ma lettre de ce soir ; son contenu ne pourrait d'ailleurs que présenter les choses à notre gré ; mais tenons-nous sur nos gardes. »

Et M. Dillon reçoit du général une lettre que nous n'avons pas, et dans laquelle, incontestablement, Boulanger avait laissé entrevoir comme un moyen extrême — moyen auxiliaire de sa politique — une démission de son emploi de général commandant un corps d'armée, puisque Dillon lui envoie cette dépêche à la date du 29 :

« J'ai reçu ta lettre et dépêche. Je me conforme à instruction ; mais *c'est une auréole dont tu ne dois pas te débarrasser sans circonspection.* »

C'était, messieurs, le soucis de la légende que je signalais hier.

« Ne brusque rien avant notre réunion, et ne pas oublier qu'on te surveille ; comprends qu'on enquête avec rage. »

Nouveaux mensonges

Il y avait donc alors un certain danger ; aussi, à quarante-huit heures de là, le général Boulanger, qui était tenu pour ainsi parler heure par heure au courant de toutes les intrigues électorales, écrivait-il à M. le ministre de la guerre :

« J'ai été et je demeure étranger à tout ce qui se passe relativement aux élections législatives du 26 février. »

Messieurs, on peut signer « Boulanger » tout court une pareille dépêche ; lui, il l'a signée : « général Boulanger ».

Quand on écrit de ces lettres-là, — il faut bien appeler les choses par leur nom : quand on est ainsi coutumier du mensonge — on ne devrait pas accoler à son nom le titre de général français !

Au mois de mars, alors qu'au mois de février Boulanger avait dit : Loin de moi la politique ; je ne veux m'occuper que de mes fonctions militaires ; au mois de mars, il continue, et il écrivait de nouveau au ministre pour déclarer qu'il ne voulait s'occuper que de ses devoirs de général de corps d'armée ; et il l'écrivait si bien que je trouve encore un témoin qu'il n'oserait jamais, s'il avait osé venir, discuter devant moi : c'est Rochefort lui-même.

Rochefort, en effet, a publié dans l'*Intransigeant* la lettre mensongère de Boulanger au ministre, la seconde, celle du mois de mai ; et, comme il tenait à jouer un rôle dans la comédie, après avoir publié la lettre de Boulanger, lettre du général esclave du devoir, Rochefort ajoutait :

« Nous sommes autorisés à affirmer que, de même qu'il a été complètement en dehors de la campagne électorale qui s'est terminée le 26 février, de même qu'il ne s'est jamais mêlé, ni de près ni de loin... » — écoutez le mot qui lui échappe — « ...à de prétendus complots exhumés ces jours derniers, le général Boulanger entend demeurer étranger à toutes les manifestations politiques ou de presse qui pourraient à l'avenir se produire à l'abri de son nom. »

Voici le sieur Rochefort qui publie la lettre du général Boulanger et qui la fait suivre de ce commentaire. D'un côté, Laguerre lui dit : Allez ! l'intrigue politique, nous la continuons en février, et même en mars ; et Rochefort, d'un autre côté, prend la parole et dit :

« Jamais d'intrigue politique ! Boulanger entend rester général et rien que général, en mars comme en février ! »

La Haute-Cour appréciera.

La révocation du conspirateur

Le gouvernement cependant tenait les fils de l'intrigue. Des généraux — qui sont alors des juges qu'un général n'a pas le droit de répudier ou de récuser, même par voie de lointains para'doxes, — des généraux se sont réunis à l'Ecole militaire et à l'unanimité, en face d'un homme qui les a priés de ne pas ouvrir le dossier, ils ont déclaré que M. Boulanger avait commis, on l'oublie trop, des manquements graves à la discipline. Alors M. Boulanger a envoyé à tous ses amis une lettre équivalant à un manifeste, — nous en avons cinq ou six exemplaires dans le dossier, — dans laquelle il mettait en accusation les généraux qui venaient de le frapper, en disant : « C'est pour la politique qu'on a voulu m'atteindre, et je ne suis coupable, moi, que d'être venu voir ma femme malade. »

Le général Logerot, par sa déclaration, vous a renseignés sur ce point, et je n'ai qu'un mot, moi, à ajouter: c'est que M. Boulanger a eu tort de parler de sa femme dans cette circonstance, comme dans n'importe quelle autre, d'ailleurs ; il devrait avoir la pudeur de ne pas en prononcer le nom. C'est ainsi qu'il est tombé dans une intrigue indigne d'un officier français, dans l'indiscipline et le mensonge. Les faits sont établis par les pièces.

Boulanger prétendant

Ceci dit, j'arrive à prendre M. Boulanger à Paris, à l'hôtel du Louvre, et ensuite rue Dumont-d'Urville, jouant pendant une année, vous le savez bien tous, le rôle de prétendant, se faisant plébisciter tout à son aise ; abusant, je vais vous le montrer, si vous ne le savez déjà, de la crédulité publique par des moyens qui, il faut bien l'avouer, relèvent absolument de la réclame commerciale ; flattant tous les partis pour les jouer tous ; brandissant l'épée devant les belliqueux et secouant devant les pacifiques la branche d'olivier ; restant toujours l'homme à deux visages.

A ce moment, le complot est si bien formé que nous le verrons, à l'heure où je parle, au mois de mars 1888, s'affirmer par trois tentatives caractérisées d'attentat.

A ce moment il a des séides, il a un entourage, il est puissant, il lui faut des recrues, un corps de troupe qui agisse sous l'influence des moteurs dont nous l'avons vu armé ; il lui faut enfin des adhérents prêts à saluer le fait accompli. C'est bien là l'outillage nécessaire à un conspirateur. Voyons s'il a eu tout cela et cherchons d'abord ses alliances inavouées.

Il a avec lui M. Thiébaud dont on connaît très bien, — et assurément ce n'est pas à titre de critique que je relève le fait, — dont on connaît très bien les opinions, qui ne pouvaient être celles que Boulanger a affectées et pour lesquelles Rochefort a, depuis vingt-cinq ans, rompu tant de lances.

Nous connaissons les opinions de M. Thiébaud, et quant à son alliance avec M. Boulanger par la déclaration de M. Blandin, nous en avons une preuve formelle.

Accord avec les deux Bonaparte

Tout annonce que Boulanger est allé à Prangins ; un honorable commerçant suisse en a témoigné. Un autre témoin, M. Bultel, bonapartiste militant, s'était employé à établir un accord entre Boulanger et le prince Victor. Ce dernier avait fait observer à Bultel que Boulanger était inéligible :

» Il est vrai, répond Buttel, qu'il est inéligible ; mais on pourrait trouver un biais en se bornant à mettre la liste sous son patronage. »

Et cela ne l'embarrassera pas, Bultel est un homme de ressources, et en jouant la partie avec un inéligible, qui avait grande envie d'avoir des alliances de ce côté, on trouvait que la partie était très gagnable. »

Nous avons là quelque chose qui est assez significatif pour donner beaucoup de force à l'histoire du voyage en Suisse dont j'avais l'honneur de vous entretenir tout à l'heure, par voie d'indication. Mais cette alliance est devenue tout à fait florissante en Corse. En effet, en Corse, la presse en a fait beaucoup de bruit. On y trouverait la preuve de cette alliance même en dehors de mon dossier où elle se trouve.

L'alliance avec les bonapartistes se confirme par l'intervention bruyante du Corse Léandri.

A Cannes, un Russe naturalisé Français, puis *dénaturalisé*, M. de Cyon, essaya de sonder M. de Bleichrœder, le banquier prussien, sur ce que Boulanger pourrait attendre, Boulanger recherche l'appui de Bismarck :

« Dans la pensée de Boulanger, le prince de Bismarck devait être favorable à ses projets à un double point de vue : d'abord à cause des garanties pacifiques qu'offrait l'exclusion de la monarchie, et, en second lieu, parce que, sous une forme républicaine conservatrice, c'était une restauration du principe d'autorité, analogue à ce qui existe dans l'empire allemand.

» M. Bleichrœder repondit en se faisant tout petit, en déclarant qu'il n'avait aucune influence politique et qu'en présence du développement de l'antisémitisme du prédicateur de cour Stœcker et du comte de Waldersée, il devait bien prendre garde de se mêler des affaires de l'État.

» M. Bleichrœder a déclaré, en outre, que M. de Bismarck était bien renseigné par d'autres voies, c'est-à-dire par les canaux officiels auxquels il a expressément invité Boulanger à s'adresser.

» Tout ceci ne s'est pas passé dans une seule conversation. M. de Cyon est revenu plusieurs fois à la charge et a insisté sur la supériorité de ce qu'il a appelé la diplomatie financière sur la diplomatie officielle.

» M. Bleichrœder a battu froid et a fini par couper court. Son secrétaire croit qu'il a été surtout dirigé par le désir de ne pas agir contrairement aux intentions de M. de Rothschild, avec qui il est en grandes relations d'affaires, et qui passait à ses yeux, en ce moment, pour être antiboulangiste. »

D'où vient l'argent ?

Boulanger — je le montrerai quand je discuterai les questions d'indélicatesse à propos d'une époque où il ne recevait pas de subventions, — n'a rien à lui. Ce n'est pas un reproche que je lui adresse ; rien n'est plus respectable que la pauvreté. M. Boulanger n'avait que son traitement: c'est un fait que je constate et en marquant toute la déférence possible pour cette situation qui ne trouverait de critiques que chez les gens du plus mauvais goût ; mais toutes fois que je verrai beaucoup d'argent dans la poche de M. Boulanger, j'aurai le droit d'être surpris et de lui demander l'explication, la provenance de ces fonds.

Lorsqu'il s'agit de l'homme politique, je vois que Boulanger qui n'a rien qu'une retraite qui s'élève à 10 ou 12,000 francs, y compris le traitement de la Légion d'honneur, que Boulanger qui n'a que 10,000 livres de rente, dépense, on ne peut pas le contester, tant pour lui que pour ses entreprises politiques, plus d'un million par année. Et assurément, en disant cela, je reste volontairement et de bien loin en deçà de la réalité. Où prend-il donc cet argent ? C'est son secret à lui. On peut toujours disposer de son secret. Il ne peut pas nous dire que c'est le secret des autres.

Eh bien, puisque c'est son secret et puisqu'il s'agit de son honneur, puisque jamais on ne se lave en France des vilaines histoires d'argent, — fût-on le général Boulanger, fût-on caché, eût-on une presse qui, chaque matin, est chargée de dire le contraire, on meurt de là toujours ! — il s'agit de son honneur : c'est son secret ; il faut qu'il le livre. Et cependant jamais il n'a voulu dire un mot en ce qui concerne les sommes si considérables dont il dispose.

Rue Dumont-d'Urville

Dans l'hôtel de la rue Dumont-d'Urville, tout annonçait l'organisation d'un quartier général de prétendant. On y voit affluer des ecclésiastiques, des religieuses, des solliciteurs de tout habit et de tout acabit. On y remarquait en outre une sorte de garde du corps du prétendant composée de quinze hommes et se tenant là en permanence. On leur donnait du vin et des cartes pour occuper leurs loisirs.

Boulanger invite les officiers de l'armée territoriale à venir passer la soirée chez lui :

« Le général Boulanger prie M..., capitaine de territoriale... » — nous avons un exemplaire de ces cartes au dossier ; le nom du destinataire en a été enlevé, de sorte qu'il y a un vide à la place, c'est pour cela que nous ne le donnons pas — «...de vouloir bien assister à la réunion intime qu'il donnera en son hôtel de la rue Dumont-d'Urville, le samedi 19 courant, à neuf heures du soir.

» Cette lettre, absolument personnelle, sera exigée à l'entrée. »

Le dossier, je le répète, renferme un fac-similé de cette invitation-circulaire qui avait pour but de convoquer les officiers de l'armée territoriale, de les engager à venir en cachette chez le général exclu de l'armée, munis d'une carte tellement personnelle que sans cela on ne pourrait pas avoir accès dans la maison.

Les camelots

L'embauchage des camelots était un des grands moyens du futur dictateur :

Voici les pièces que je puis vous lire, je vais vous en donner connaissance d'après leur ordre chronologique.

» 30 octobre 1888. — C'est au café de la France, rue du Croissant, qu'on embauche les camelots pour les manifestations boulangistes.

« C'est Morphy qui dirige l'embauchage et c'est Labruyère qui paye. Pour les coups de poing donnés ou reçus, 2 fr. environ ; pour les vêtements déchirés, ils sont remplacés.

» Les camelots sont disposés sur le passage de Boulanger et chargés de pousser des acclamations. » — Il y a là « exclamations », mais dans le texte, je crois me souvenir que c'est « acclamations ».

» C'est la Ligue des patriotes qui est chargée de défendre la personne du général Boulanger ; aussi tous les membres sont armés de revolvers et de cannes plombées.

« 15 décembre 1888. — Voici quelques renseignements rétrospectifs sur la façon dont la campagne boulangiste fut organisée dans le département de la Somme, aux dernières élections :

» Les camelots étaient embauchés par le comité de la rue de Sèze à raison de 4 francs par jour, et on leur avait promis moitié des bénéfices sur la vente du papier ; toutefois, ces conditions n'ont pas été maintenues, et les camelots ont eu tout le bénéfice du papier.

» Le premier jour, à Amiens, on avait embauché environ 300 hommes.

» Le lendemain, dans la soirée, des camelots de Paris ont battu la ville en offrant le *Mémorial d'Amiens*, qui racontait l'accident dont avait été victime le général dans le département de la Charente.

» Le surlendemain, comme à l'ordinaire, on a embauché le plus d'hommes qu'on a pu : c'est « Canada », dont le vrai nom est Charles Bourdon, qui conduisait le mouvement.

» Le jour où devait arriver le général Boulanger dans la Somme, 3 à 400 hommes furent recrutés, à raison de 4 francs, pour aller au-devant de lui avec des trophées de drapeaux fournis par le comité boulangiste.

» Le banquet n'était pas offert par la ville d'Amiens; il était bel et bien payé par le comité, ainsi que le bouquet qui fut présenté au général par une personne embauchée à cet effet.

» 11 janvier 1889. — Les camelots, qui ont été embauchés par la Ligue des patriotes, auront pour mission d'acclamer le général Boulanger dans les réunions publiques.

» Ils sont divisés par sections. Ces sections marcheront à tour de rôle de manière qu'on ne voie jamais les mêmes hommes et que les agents ne puissent pas les reconnaître.

» Hier, des cartes d'invitation ont été distribuées aux camelots de la première section, afin qu'ils puissent assister ce soir à une réunion qui sera tenue rue Saint-Honoré.

» Les camelots ont l'ordre d'acclamer le général et de manifester en sortant.

» J'ai l'honneur d'informer à toutes fins utiles M. le chef de la police municipale... » — la date, que j'ai oublié d'indiquer, est la date du mariage de la fille du général Boulanger... — J'ai l'honneur d'informer à toutes fins utiles M. le chef de la police municipale qu'à onze heures les camelots de la rue du Croissant ont été engagés à se rendre aux abords de l'église Saint-Pierre de Chaillot, l'embauchage devant se faire à cet endroit, si besoin est. On les a avisés que le choix serait fait parmi les mieux mis, les autres étant trop reconnaissables.

« Une vingtaine sont partis sous la conduite de l'individu désigné sous le nom de « Béquillard ».

» 19 janvier. — Le comité a décidé l'embauchage d'individus qu'on payera 5 francs par jour pour se disputer dans les restaurants où mangent des ouvriers : ils seront aussi chargés, à l'arrivée des trains ouvriers, de provoquer des rassemblement et de soulever des discussions dans lesquelles ils feront de la propagande en faveur du général. M... a prié C... — ce sont les initiales — de lui procurer des gens pour faire cette besogne est de les envoyer chez le comte Dillon. » C'était, en effet, Dillon l'entrepreneur en chef qui payait la dépense.

« 24 janvier. — Les camelots enrôlés pour manifester recevaient des tickets de couleur, à l'aide desquels ils allaient se faire payer dans certains bureaux de journaux. » J'ai eu un de ces tickets en ma possesion, — ceci est la déposition de M. l'officier de paix Bureau.

« 25 janvier. — Un grand nombre de camelots se sont rendus à Neuilly, chez le comte Dillon. Il leur a été recommandé de ne pas se contenter de distribuer leurs brochures, mais encore de faire de l'agitation par tous les moyens ; ils seront payés 6 francs par jour ».

« 26 janvier. — Mille huit cents individu sont été embauchés par MM. Dillon et Déroulède pour surveiller les sections de vote et, au besoin, pour fomenter du désordre ».

Le Drame après la Comédie

Mais nous allons arriver, après la comédie, à l'histoire du drame, et nous allons être obligés de vous révéler qu'à côté du racolage des camelots, il y a le racolage des fonctionnaires du gouvernement, et que Boulanger n'a reculé devant aucun effort, devant aucune promesse, devant aucune des choses qui doivent répugner à l'homme consciencieux, pour arriver à trouver de mauvais employés, des gens besoigneux ou des dupes faciles parmi les simples, pour arriver à recueillir un nombre d'adhésions qui lui permit d'avoir dans l'armée un commencement de conjuration militaire, et parmi les fonctionnaires civils, des gens qui devaient servir et qui n'étaient plus payés par le budget que pour trahir le gouvernement qui leur donnait du pain.

Voilà ce qu'il a fait, voilà ce qu'en vous l'indiquant hier, au commencement de cette audience, je n'hésitais pas à traiter d'actes abominables, parce qu'il y a des choses qu'on a beau réprouver, déclarer contraires à nos lois pénales, elles trouvent une sorte d'excuse chez l'homme, même alors que le magistrat requiert.

Lorsqu'on voit, par exemple, certains de ces conspirateurs dont l'histoire nous a légué le portrait qui, avec cette bravoure des véritables combattants, marchaient et mouraient à la tête des hommes qu'ils avaient conquis, mais livraient au moins leur vie comme rançon de leur entreprise, il y a là comme une sorte d'ennoblissement de l'action illégale à laquelle ils se sont livrés.

Mais lorsque nous voyons l'homme doucereux, le patelin qui donne sa parole au ministre de la guerre qu'il ne s'occupe pas de politique et qui, avec l'argent d'autrui, entr'ouvre des portes à l'heure du crépuscule pour faire entrer des gens dont la conscience est à marchander; lorsqu'on le voit faire entrer chez lui, à l'état de gens encore hésitants peut-être, mais honnêtes encore, des hommes qui sortiront comme Judas, emportant dans leurs poches les trente deniers qu'ils ont reçus; lorsqu'un homme en est arrivé à faire de telles choses, il demeure, et comme conspirateur et comme homme, à jamais flétri !

Je vais vous montrer — hélas! ce sera une histoire facile à faire — que Boulanger avait caché ou fait cacher chez une mercière, dans les rayons d'une boutique, bien aménagée comme trompe-l'œil, des caisses et jusqu'à sa cantine, contenant les détails intimes de sa conspiration Lorsque ces caisses ont été découvertes et que nous avons procédé au dépouillement des pièces qu'elles contenaient, nous y avons trouvé l'histoire lamentable de la trahison. Je vais vous montrer, messieurs, que les gens qui se sont ainsi livrés ne se sont pas offerts, mais qu'ils ont répondu aux tentations exercées par M. Boulanger et par son entourage; et je ne crains pas qu'en quelque lieu de France que ce soit, il se trouve personne pour protester contre l'énergie avec laquelle je vais flétrir de pareils actes !

Je ne vous lirai pas tout, messieurs; mais je vais vous montrer par voie de spécimens quelques-unes de ces trahisons de fonctionnaires et quelques-unes de ces correspondances avec Boulanger; et vous verrez que toutes les fois qu'un homme, après la tentation, à l'heure de la chute, a eu envie d'être vil, il n'a eu qu'à aller frapper à l'hôtel de la rue Dumont-d'Urville, il était sûr d'être bien reçu; et M. Boulanger, quand on lui écrivait, fournissait toujours de sa propre main les éléments de la réponse à son secrétaire, il en traçait la substance en travers de la lettre, au crayon bleu.

M. Quesnay de Beaurepaire cite divers faits d'embauchage militaire, pratiqué à l'aide de promesses mensongères et de distribution d'argent à Paris et en province.

Dans le département de la Somme, en 1888, des procès-verbaux constatent que des pièces de vingt francs ont été distribuées à des soldats sous les armes. A Lisieux, où le sieur Laguerre faisait ses vingt-huit jours en qualité de réserviste, Boulanger vient faire une tournée et se fait acclamer par des soldats qu'on avait pris soin de faire pénétrer sur le quai de la gare en leur distribuant des billets de chemin de fer.

Le procureur général donne lecture d'une quantité de lettres de civils et de militaires faisant acte d'adhésion à la personne et aux projets factieux de Boulanger. Ils l'exhortent, l'encensent et l'un d'eux lui écrit : « *Ave César, imperator !* » M. Piétri, ancien commissaire de police, lui offre son bras et lui écrit : « Mais il faut donc encore attendre ! Ne va-t-on pas enfin marcher à la bataille ? Quand la livrerons-nous donc ? » Il y a deux pages de ce lyrisme belliqueux.

Ils sont prêts ?...

Au mois d'août 1887 les conjurés se considèrent déjà comme prêts. La Ligue des Patriotes de M. Déroulède est enrégimentée. Elle forme la garde prétorienne du Césarion. C'est elle qui pourvoit aux désordres de la rue avec les camelots, comme troupes volantes :

Du 28 mai 1887 au 1er février 1889, j'ai relevé vingt journées avec les registres, ou du moins les archives, les dépêches télégraphiques classées à la préfecture de police : dix-neuf à Paris et une à Nancy.

Je les ai divisées en deux catégories : les essais tumultueux et les véritables tentatives d'émeute.

J'ai vu l'émeute seulement là où un grand développement de forces agressives, la présence sur les lieux de Boulanger, l'évidence de l'événement immédiat que se proposaient les perturbateurs, j'ai vu l'émeute là où toutes les circonstances se trouvaient réunies, et là j'ai retenu, comme je le devais, la tentative d'attentat.

Dans les autres scènes, au contraire, qui affectent moins de gravité, qui offrent moins de périls et une résolution plus douteuse de la part des acteurs et des fauteurs, je n'ai retenu que l'acte préparatoire.

Les auteurs du complot, par leurs excitations et celles de leurs agents, par les distributions d'argent, l'organisation de leur armée secrète et l'appui d'une presse complice ont incessamment troublé l'ordre dans la rue.

Pendant près de deux années — le fait est notoire en dehors même de l'instruction écrite — le gouvernement a dû tenir presque constamment sur pied toutes les forces de la police consigner des troupes dans les casernes, faire marcher la garde républicaine.

Le but évident était d'énerver l'opinion, d'entretenir l'agitation dans le pays, de servir de point central à toutes les oppositions, de provoquer un désarroi et s'il se produisait, de brusquer l'aventure, Rochefort osait écrire dans sa feuille : « La police est à nous. » Il s'en est vanté. Boulanger se vantait, lui, d'avoir tout ou partie de certains régiments dans la main. Dillon télégraphiait : « Le moment des plaidoiries est passé, c'est le temps d'agir. » Tous les trois comptaient donc bien sur la trahison des défenseurs de l'ordre et sur l'inanité de la résistance.

Les émeutes

Le Procureur général rappelle les circonstances scandaleuses du départ de Boulanger pour Clermont-Ferrand.

Il le montre préparant tout pour ameuter ses partisans et ses agents soudoyés, à la gare de Lyon, où il se tenait caché, attendant le résultat de l'émeute.

Une des colonnes d'émeutiers, la plus nombreuse, était commandée par un officier en uniforme.

N'est-ce point là le cas bien établi d'une tentative pour s'emparer du gouvernement?

Il y a eu commencement d'exécution, et voici pourquoi: Lorsqu'un homme se plaçant carrément sur le terrain de l'indiscipline; lorsqu'un homme ayant pour complice Rochefort, qui a ameuté la populace, vient trouver dans un endroit déterminé de la ville, à la gare de Lyon, 20,000 hommes qui crient: « Il ne partira pas! il faut le porter à l'Elysée! » et qu'il reste là, porté en triomphe par la foule en attendant le départ, alors que pendant ce temps on cherche à attaquer l'Elysée avec des bandes; lorsque, dis-je, un homme encourage tout cela de sa présence, lorsque c'est en son nom que tout cela est entrepris, j'ai bien le droit de dire, ou j'aurais oublié tous mes principes de droit, qu'il y a commencement d'exécution.

Et maintenant nous avons à voir l'objection juridique.

Il est parti. La tentative d'exécution a-t-elle manqué son effet par une circonstance indépendante de sa volonté? Voilà la question que nous devons poser ici comme au palais.

Il s'agit de savoir si Boulanger est parti volontairement, ou s'il est parti à la suite d'un acte plus fort que sa volonté, sous la pression de la volonté des autres, ou déterminé par des circonstances d'ordre moral telles qu'il n'a pu leur résister. Voilà bien, je crois, le point de droit. C'est ce que nous allons examiner.

Eh bien, messieurs, nous vous disons : Boulanger n'est pas parti spontanément. Il n'a renoncé à son entreprise que lorsqu'il lui a été impossible de faire autrement. Pendant plus d'une heure il a attendu la rupture des dernières digues, la généralisation du soulèvement et ce qu'on peut appeler l'explosion finale, et il a tout favorisé par sa présence.

Les choses en étaient là lorsqu'à neuf heures cinquante l'événement s'est modifié de la manière suivante :

En premier lieu, les anarchistes, sur le concours desquels on avait compté, et qui étaient venus en grand nombre près de la Bastille, — c'est établi par nos rapports de police, — les anarchistes ont voulu conserver le rôle de spectateurs, ce qui a été la défection d'une partie du contingent.

Les anarchistes ne se piquent pas de patriotisme ; et, lorsqu'ils ont vu que M. Déroulède, l'homme de la revanche, était le boute-en-train de cette émeute, ils se sont décidés à n'y pas prendre part.

Voilà donc, si M. Boulanger était au courant — et je ne crois pas le fait discutable — de tout ce que Rochefort avait convoqué de ban et d'arrière-ban révolutionnaire, un contingent qui lui a manqué et une circonstance indépendante de sa volonté qui s'est produite ; mais cela est absolument secondaire pour moi. Ce qui m'importe, le voici:

Sa troupe a été mise en déroute sous ses yeux, et c'est pour cela qu'il est parti. Il est parti, comme font les généraux qui ont perdu la bataille et qui, le soir, sont obligés de battre en retraite. Sa troupe a été mise en déroute, voici comment :

M. Lépine, secrétaire général de la préfecture de police — c'est lui qui sous la foi du serment a fait ce récit devant la commission de la Haute-Cour — M. Lépine, effrayé des résultats possibles — j'ose dire des résultats probables — de ce coup de force si bien organisé, puisqu'il n'y avait aucune espèce de force de résistance présente sur les lieux — la preuve en est que le malheureux chef de l'exploitation était obligé d'envoyer des télégrammes à tout le monde sans avoir un homme à sa dispo-

sition — M. Lépine, effrayé des résultats possibles de ce coup de
force, avait pénétré sur les quais de la gare par un passage secret;
puis, s'étant rendu compte de la gravité de la situation, il était
parvenu à sortir vers neuf heures et s'était glissé jusqu'à la place
de la Bastille, où M. Honnorat, officier de paix, luttait à la tête
de 250 agents.

Il prit aussitôt ses mesures, garda avec lui une centaine
d'hommes pour contenir le flot par des charges réitérées, et l'officier de paix Honnorat, avec les 150 autres agents, s'avança à
grand'peine vers la gare, y pénétra enfin et prit énergiquement
— c'était le seul moyen d'être prudent — à revers la foule tumultueuse qui occupait les voies.

Les soi-disant manifestants, ne sachant pas à quelles forces ils
avaient affaire — dans la grande comme dans la petite guerre,
c'est toujours la même chose lorsqu'on est attaqué par derrière,
— les soi-disant manifestants furent débandés, et M. Honnorat,
continuant sa charge, arriva à déblayer la voie, parce que tous
ces gens, qui croyaient avoir affaire à des forces supérieures
en nombre, se rejetaient les uns sur les autres par les portes
brisées et le long des quais. Voilà le fait matériel.

Eh bien, messieurs, maintenant que nous connaissons cela,
voyons ce qui s'est passé.

A neuf heures quarante-cinq, les brigades commandées par
M. Honnorat ayant fait cela, nous voyons arriver deux autres
brigades commandées par deux autres officiers de paix; elles
sont parvenues, en prêtant secours à la brigade qui avait si vail-
lamment fait l'attaque, à refouler d'une façon définitive les
colonnes d'émeutiers, qui, depuis une heure et demie, enivraient
M. Boulanger au murmure flatteur des cris: « Il ne partira pas!
— A l'Elysée! »

C'était donc la défaite; c'était la défaite matérielle. Alors, le
général Boulanger, conseillé par le chef de gare et quelques
amis, profitant de l'arrivée de ces nouveaux agents, est monté
sur une locomotive isolée et s'est rendu à Villeneuve-Saint-
Georges pour attendre l'arrivée du train qui devait le conduire
à Clermont.

Ainsi, il est parti quand la force armée avait refoulé la troupe
des gens qui se vantaient à grands cris de le conduire à l'Elysée;
il est parti lorsque son arrestation pouvait être considérée comme
imminente, et, si la Haute-Cour me le permet — j'ai le droit de
le faire — je lui donnerai connaissance d'un renseignement qui
m'est parvenu hier.

Je serais à même, s'il y avait débat contradictoire, d'amener un
témoin dont le nom forcerait, je crois, l'unanimité de la Haute-
Cour à s'incliner de déférence devant lui.

Ce témoin, j'ai son nom; il est tout prêt à déclarer le fait
que voici : c'est que lorsque M. Honnorat et ses collègues les
officiers de paix eurent déblayé la voie, deux agents sont arrivés
au compartiment occupé par Boulanger, et l'un d'eux lui a dit, en
lui parlant avec respect, mais enfin avec cette énergie fiévreuse
que donnent toujours de pareilles aventures : « Mon général, il
faut partir! »

Et le général, à ce moment — ce n'est point une critique que
je lui adresse, on comprendrait une pareille émotion de la part
de tout le monde — est devenu très pâle; c'était peut-être la pâleur d'un homme qui croit à son arrestation; dans tous les cas,
il s'est trouvé en face de deux agents dont l'un l'invitait, d'une
façon qui ne pouvait point être suivie de refus, à monter sur
cette locomotive. Voilà ce qu'un témoin est prêt à établir.

Après le départ de Boulanger sur la locomotive, la foule se retira

en criant : A bas le ministre ! A bas Grévy ! C'est Boulange qu'il
nous faut ! La police est obligée d'opérer plusieurs charges vigou-
reuses.

En partant, Boulanger s'était promis de prendre sa revanche du coup
de force qu'il venait de voir échouer.

La Revue du 14 Juillet

Les conjurés préparent un nouveau coup pour le jour de la revue de
Longchamps :

« Ce jour-là » — déclare l'officier de paix M. Honnorat — « j'ai
été chargé de la protection du cortège officiel. Assisté des troupes
de police et de l'armée, j'ai établi un fort cordon depuis le palais
de l'Elysée jusqu'à la tribune du champ de courses.

» Il n'arriva rien d'inquiétant avant que le cortège eût atteint
la grande cascade ; mais là on rencontra une masse considérable
de manifestants réunis par les soins de la Ligue, qui ont accueilli
le chef de l'Etat et sa suite par des vociférations et aux cris
de « Vive Boulanger ! »

« Au retour, mêmes démonstrations hostiles et violentes. M. le
ministre de la guerre a été insulté grossièrement. »

M. Clément, commissaire de police aux délégations judiciaires,
a été également entendu comme témoin. Il avait été chargé, lui
aussi, de maintenir l'ordre, car on était prévenu qu'une manifestation était préparée.

» M. Déroulède avait refusé l'emplacement qu'on lui avait assi-
gné ; il émettait la prétention d'occuper à son gré telle tribune
ou de défiler avec sa Ligue suivant ses convenances. » M. Clément
apprit à la dernière heure que « ce même personnage avait contre-
mandé ses ligueurs ; mais ce renseignement aura été inexact, ou
du moins le contre-ordre mystérieux n'aura été que partiel : car
M. Déroulède vint se cacher au fond d'un massif, près de la cascade où des émissaires venaient lui parler. Lorsqu'il vit qu'on avait
découvert sa retraite, il s'éloigna dans la direction de Paris...

« Les généraux furent hués, les cris de : » Vive Boulanger ! »
éclatèrent sur le passage des membres du gouvernement, des pierres furent jetées à M. le ministre de la guerre ; le chef de l'Etat fut
l'objet des mêmes outrages. »

Voilà la déclaration de M. Clément.

Le mouvement projeté avait sans doute trouvé des complices
jusqu'au ministère de la guerre, car voici un détail frappant,
donné par M. le général Ferron lui-même dans sa déposition
orale :

« Au 14 juillet 1887, dit-il, les communications téléphoniques du
ministère de la guerre avec le gouvernement de Paris et la préfecture de police furent détruites dans les jardins de l'hôtel. »

Je crois que le fait est suffisamment significatif.

« M. Debeurry, commissaire de police, avait la garde des
Champs-Elysées depuis le rond-point jusqu'à la place de la Concorde. Il n'y eut là de désordres qu'au moment du retour. M. le
ministre de la guerre et son escorte furent assaillis d'outrages
aux cris de : « Vive Boulanger ! — A bas Grévy ! » — et M. Debeurry ajoute qu'à la façon de manœuvrer des prétendus manifestants « l'organisation était évidente ».

Le général Saussier, gouverneur militaire de Paris, a été aussi
entendu par la commission d'instruction de la Haute-Cour.

« A la revue du 14 juillet 1887, dit-il, il y a eu une grande manifestation antipatriotique... » — et le général Saussier s'y connaît en patriotisme ! — « ... il y a eu une grande manifestation
antipatriotique, fomentée probablement par les partisans du
général Boulanger, qui a indigné toute l'armée. J'ai dû prendre à
cette occasion des mesures d'ordre exceptionnelles. »

Le général Ferron a déposé, lui aussi, sur les événements du 14 juillet 1887 et, en prenant connaissance des faits qu'il révèle, vous comprendrez, messieurs, à quelle émotion douloureuse il a cédé et avec quelle tristesse, bien légitime, il parle devant la commission d'instruction.

« J'avais été prévenu par de nombreuses lettres anonymes, dit-il. qu'à la revue du 14 juillet, une manifestation formidable serait faite contre le président de la République et contre moi.

» Tout en étant sûr de la discipline des troupes, je me préoccupais des conditions matérielles du retour du président et, sur la pelouse de Longchamps et dans l'avenue des Champs-Elysées. lorsqu'il n'y aurait plus de troupes pour le protéger, celles-ci regagnant leurs quartiers après avoir défilé, afin d'assurer le retour dans de bonnes conditions, j'ai fait venir deux régiments de cavalerie de Senlis et de Melun. Ces régiments sont restés, pendant la revue, au ministère de la guerre et aux Invalides.

» Ils ont remonté ensuite l'avenue des Champs-Elysées, et le retour du président s'est effectué dans des conditions convenables.

» A la revue. tous les officiers généraux ont été accueillis par les cris de : « Vive Boulanger ! » poussés par quelques milliers de jeunes gens se tenant près de la cascade.

» Je n'insiste pas sur les injures qui m'étaient adressées.

» Ce spectacle a été le plus douloureux auquel ait pu assister un officier général dont la carrière a été toute de travail et qui, depuis 1870, n'a vécu que dans une seule pensée, le relèvement et la reconstitution de son pays, et qui n'avait accepté le ministère que pour réaliser pratiquement les ressources qui devaient rendre possible cette reconstitution.

» Je n'avais à ce moment aucun motif de rendre le général Boulanger responsable du spectacle écœurant donné par des hommes se disant patriotes.

» Mais, si je n'ai pas fait charger les jeunes gens qui n'ont accompagné, en m'insultant, depuis la cascade jusqu'à la place de la Concorde, c'est que les cavaliers étaient séparés d'eux par plusieurs rangs de personnes inoffensives ou sympathiques, que la cavalerie aurait renversées tout d'abord. Cette circonstance seule a préservé les insulteurs des chefs de l'armée de la correction qu'ils avaient méritée. »

Messieurs, il n'y a rien à ajouter à cette déposition si noble pour vous faire comprendre dans quelles circonstances le général Ferron et les autres généraux étaient insultés à l'instigation d'un général français !

L'insuccès de la journée — puisque la garde républicaine est restée ferme à son poste sous les ordres de ses chefs, — l'insuccès de la journée, dis-je, n'avait point encore découragé les gens qui avaient formé le projet criminel que vous connaissez ; j'en trouve la preuve dans un télégramme envoyé par un commissaire de police au préfet et qui est ainsi conçu :

« Vers deux heures après minuit, une bande de 1,500 à 2,000 individus est arrivée vers l'Elysée par le bas du faubourg Saint-Honoré, criant : « A bas Grévy ! — Enlevez-le ! — A l'Elysée ! »

» Prévenu par mes éclaireurs des grands boulevards, qui s'étaient repliés, je parvins à refouler la colonne. J'arrêtai six personnes, dont une armée d'un revolver. »

Une autre portait sur elle un document constatant qu'elle venait de subir cinq années d'emprisonnement. C'est là un petit détail.

Mais ce que nous retenons, c'est le point principal, à savoir que, deux heures encore après minuit, une bande de 1,500 à 2,000 personnes marchait sur l'Elysée en criant : « Enlevez Grévy ! »

Par conséquent, nous n'avons aucune espèce de doute : le 14 juillet, comme le 8, il y a eu commencement d'exécution.

Où était le héros ?

Pendant qu'on cherchait à faire mettre la crosse en l'air à la garde républicaine, et pendant qu'à deux heures du matin on marchait sur l'Elysée en criant : « Enlevez Grévy ! » Boulanger, qui ne devait pas, qui ne pouvait pas être à Paris, s'y trouvait cependant, caché, embusqué dans une petite maison du boulevard Malesherbes ; on l'y a vu, à l'heure de la revue, se pencher, furtivement caché près du rideau d'une fenêtre, et regarder passer les troupes.

Il avait quitté Paris le 8 juillet ; il était arrivé à Clermont le 9 au matin ; il a procédé à sa réception officielle, à son entrée officielle dans sa ville de Clermont le 10. Il lui était impossible de s'absenter — aussi ne l'a-t-il pas demandé — pendant la première semaine de la prise de possession de son commandement, et il avait lui-même, le 14 juillet, à passer en revue les troupes de son 13e corps ; il ne lui était donc pas possible de quitter Clermont. Cependant, l'homme qui était allé à Lyon avec un petit chapeau mou est venu, nous ne savons pas sous quel costume, mais certainement ce n'était pas sous l'uniforme de général français, il est venu, dis-je, se réfugier, je me trompe, s'embusquer, chez la dame Pourpe, au boulevard Malesherbes, et il y est resté quatorze jours. (Mouvement)

Voici comment nous savons le fait.

Le préfet de police l'a connu le surlendemain 16 juillet. Un rapport de police non signé, une de ces feuilles volantes qui servent à l'informer de ce qui se passe chaque jour, est arrivé à la préfecture, et le préfet a su que le général était arrivé à Paris l'avant-veille. On ne savait même pas s'il n'y était pas encore : on n'a pas d'ailleurs fait d'abord grand état de cette nouvelle. La pièce dont je parle, et qui est au dossier, je ne la considère même pas comme un véritable document du procès.

L'agent qui l'a rédigée en 1887 a disparu ; par conséquent, on n'a pas pu obtenir de lui d'autres renseignements.

Mais, en 1889, nous avons fait procéder à une enquête par le préfet de police ; et, tandis que nous avions fait établir par M. le préfet du Puy-de-Dôme que Boulanger n'avait pas passé en revue, le 14 juillet, les troupes du 13e corps, cette enquête nouvelle nous a appris que cet homme, qui se faisait porter malade à Clermont, était à Paris très bien portant ; et, par cette même enquête du préfet de police, nous avons eu la preuve de ce fait: boulevard Malesherbes, 155, dans la matinée du 14 juillet 1887, la présence du général a été remarquée chez la femme Pourpe.

On ne s'est pas contenté de cette constatation ; les honorables membres de la commission d'instruction ont voulu que M. le préfet de police cherchât à faire plus complètement la lumière sur ce point, qui, tout le monde le comprend bien, est capital. Si, en effet, Boulanger était embusqué là, Boulanger est l'homme du coup de mai, et je n'ai plus rien du tout à démontrer.

On a bien senti cela, et il paraît, — car je ne lis pas ces choses — que Boulanger a fait raconter — c'est ici qu'il aurait dû venir raconter cela ; je ne connais, moi magistrat, que les récits faits à l'audience — il a fait raconter, dis-je, qu'il pourrait nommer ultérieurement des gens de ses amis, — peut-être de ceux dont les lettres ont été trouvées dans sa cantine parmi les pièces saisies, je n'en sais rien, — des gens qui pourraient faire connaître plus tard des faits établissant son alibi.

Eh bien, moi, j'ai une enquête supplémentaire de la préfecture de police ; j'en ai même deux ; mais il y a une enquête supplémentaire dont j'ai reçu les résultats au moment de la clôture de l'instruction par la commission de la Haute-Cour.

On répondait à cette question, que nous avions posée : Y a-t-il au n° 155 du boulevard Malesherbes des gens capables de prêter serment, des gens pouvant offrir toutes les garanties à la justice et prêts à déclarer sous la foi du serment que Boulanger était dans cette maison le 14 juillet 1887, qu'ils l'y ont vu et qu'ils l'ont bien reconnu ?

La première fois, on nous a répondu en nous donnant les noms de deux témoins. Ces deux témoins, bien entendu, je ne les ai pas nommés dans mon acte d'accusation. S'il y avait des débats contradictoires, vous les verriez ; mais, dans une affaire comme celle-là, dans l'état actuel et sans exemple de ce système de plaidoiries par la presse, je connais trop bien, par expérience personnelle, les procédés qu'on emploie dans l'intérêt de M. Boulanger, pour exposer ces témoins à recevoir, comme cela m'arrive tous les matins, des lettres contenant des menaces de mort capables d'impressionner à la longue des gens qui ne sont pas obligés d'avoir assez d'énergie pour les braver.

De plus, comme il s'agit d'un homme qui dépense, avec ses 10,500 livres de rente, aussi facilement un million qu'un autre dépenserait une obole, eh bien, si grande que soit ma confiance dans les témoins, je ne veux pas les livrer aux amis parisiens de Boulanger, qui pourraient bien leur donner 50,000 fr. ce soir pour se contredire.

Oh ! messieurs, soyez tranquilles : vous lirez ces renseignements dans votre chambre du conseil ; M. le président vous donnera communication de cette partie de l'enquête et, devant garder le secret de vos délibérations, vous connaîtrez les noms sans les redire ; mais si Boulanger, qui doit bien se voir à l'heure qu'il est irrémédiablement perdu, venait purger sa contumace, alors nous aurions un débat contradictoire, et je vous promets bien que les témoins dont il s'agit seraient là ; et les menaces de mort qu'on voudrait leur adresser de la barre, je serais là, moi aussi, pour les rendre stériles.

Mais deux témoins, cela ne nous a pas suffi encore ; nous avons demandé un supplément d'enquête, et hier matin, messieurs, nous avons reçu ce supplément d'enquête avec un rapport contenant les indications nécessaires. Par conséquent, ici, ce n'est pas la police qui parle, c'est la police qui va nous donner des noms.

Eh bien, nous avons là un document dont je n'ai pas le moindre désir de donner lecture en audience publique, mais que vous devrez consulter dans votre délibération secrète et qui vous prouvera qu'en dehors et en outre des deux témoins auxquels je viens de faire allusion nous pourrons produire, en cas de débat contradictoire, quatre ou cinq témoins qui, sous la foi du serment, attesteront la présence de Boulanger à Paris le 14 juillet 1887, et par conséquent viendront mettre à la charge de cet homme qui ne cesse de mentir, un mensonge de plus.

La crise présidentielle

Le procureur général examine ensuite les faits qui se sont produits lors de la crise présidentielle de novembre 1887.

M. Boulanger se trouvait à cette époque à Paris d'une façon légitime, puisqu'il y avait été appelé en qualité de membre de la commission de classement des officiers.

On se souvient — et je ne procède que par voie d'allusion, ayant le désir d'éviter tout ce qui a trait à la politique — on se souvient de l'émotion assez générale qui s'est emparée des sphères politiques et même du monde des affaires, lors de la crise présidentielle de 1887. Les hommes s'occupant plus particulièrement de politique ont, à cette époque, échangé leurs idées, se sont réunis et, dans de nombreux conciliabules, sont allés, chacun suivant son humeur ou son opinion propre, à la recherche des solutions.

A ce moment, Boulanger, étant en activité de service, n'avait pas le droit de se mêler de politique, et il ne pouvait commettre une faute militaire plus grave que celle de prendre part à des conciliabules politiques.

C'est cependant ce qu'il a fait, et il l'a fait dans des conditions qui rendaient sa faute plus lourde et son attitude singulièrement suspecte.

En effet, le gouvernement, justement inquiet des suites que pouvait avoir cette crise politique, jugea opportun de suspendre les travaux de la commission militaire et ordonne à tous les chefs de corps d'armée de rejoindre le siége de leurs commandements. Tous obéirent — je n'ai pas besoin de le dire — excepté un. Je n'ai pas besoin d'ajouter que c'est M. Boulanger. M. Boulanger ne partit pas, et, dans la soirée, le ministre de la guerre fut prévenu que Boulanger, fidéle à ses habitudes de désobéissance, était resté à Paris.

Il envoya à dix heures du soir un de ses officiers d'ordonnance à l'hôtel du Louvre pour le sommer d'avoir à rejoindre. Il déclare dans sa déposition orale qu'il ne sait pas où M. Boulanger avait passé la nuit. M. Boulanger part le lendemain, et nous, plus heureux que M. Ferron, nous savons bien où il a passé la nuit. Il était allé, la veille, à une réunion dans un restaurant près de la Madeleine. Nous le savons par un témoin et, le lendemain, il est allé prendre part à un conciliabule d'un ordre tout particulier chez le sieur Laguerre.

Là se réunirent un certain nombre de membres de l'extrême gauche ; on discuta à perte de vue — je le suppose du moins — sur les maux du jour et sur les remédes à y apporter ; et entre autres choses on parla d'un mouvement possible dans la rue. Il paraît même que certains députés que je n'ai ni à nommer ni à juger, se seraient exprimés à cet égard d'une façon qui n'était peut-être pas strictement correcte. On se demandait ce qu'en pareil cas ferait l'armée. M. Boulanger, dit un témoin, — je cite fidèlement de mémoire, — rompit son silence énigmatique.

Quand on dit: Mais que fera l'armée ? à ce moment, M. Boulanger rompit le silence et, dans une phrase qui fut remarquée et diversement interprétée, il dit: « L'armée restera dans ses casernes. » Même là, dans cette réunion, on a trouvé le propos un peu vif ; on en a été très ému, on en a tellement parlé, qu'on est arrivé à dénaturer un peu le texte, comme pour les récits qui ont passé par beaucoup de bouches ; il n'y a pas de *ne varietur*.

Un témoin dit: « Je n'ai entendu que ces mots: « armée... dans ses casernes ». Un second, ceux-ci : « ... restera dans ses casernes ». Un troisième, et c'est bien naturel, n'a rien entendu du tout. Un quatrième et un cinquième témoins nous jettent dans de nouvelles hésitations sur la constitution de la phrase. Mais que nous importe ? Dès lors que Boulanger assistait à un conciliabule politique et que dans ce conciliabule on se permettait, je ne parle pas au point de vue politique, des hommes que je n'ai point à juger, mais au point de vue militaire à lui, Boulanger — du moment, dis-je, où on se permettait de se demander ce que ferait l'armée en face de l'émeute, on insultait l'armée, et le général Boulanger n'avait qu'une chose à faire : se retirer et se retirer en se repentant d'être venu, s'il eût été un homme discipliné.

Mais il est resté. Et quelle que soit la phrase qu'il ait prononcée, l'émotion qui s'en est suivie, les interprétations auxquelles elle a donné lieu et le fond même de la pensée qui se retrouve chez tous les témoins, tout prouve qu'il a parlé du rôle de l'armée dans les casernes et qu'il s'est prononcé comme général sur ce que devraient faire les régiments. Eh bien, s'il a fait cela, je dis qu'il a prononcé une phrase séditieuse.

Sur ce point il y aurait là, je crois, quelques indications très utiles ; mais nous en savons davantage.

En sortant de cette réunion, il est allé dans un endroit où il se trouvait avec des gens plus intimes et avec qui la conversation était plus abandonnée. Il y avait là des gens qui voulaient voir aboutir certains projets dans leur seul intérêt particulier.

Personne que M. Laguerre, l'amphitryon, ne pouvait connaître le complot ; mais tous ces députés qui ont parlé depuis ne savent rien. C'est le silence énigmatique de M. Boulanger, qui leur a montré que le général en savait plus long qu'eux. Dans la seconde réunion, on s'est trouvé entre amis, et là on a arrêté le moyen de remplacer Grévy par Boulanger, de sorte que la chose devient infiniment plus claire.

Détails significatifs

Quatre députés sont venus déclarer sous la foi du serment qu'ils étaient allés, dans un restaurant de la rive gauche, dîner avec un homme très avant dans les relations du général Boulanger, avec M. Le Hérissé, et là, *inter pocula*, on a parlé de la crise présidentielle. Savez-vous ce qui est arrivé?

Il est arrivé que M. Le Hérissé a dit, à cette heure où l'on s'épanche plus facilement : « Le général Boulanger avait arrangé les choses. — Comment donc ? — Oh ! c'est bien simple. »

Et alors, M. Le Hérissé de raconter à ses commensaux qu'on avait d'abord décidé de conserver M. Grévy à la présidence de la République et de lui donner un ministère *in extremis*. Il y aurait eu alors à l'Elysée un fétiche, un semblant de chef d'Etat, quelque chose d'âgé et de précaire qu'on remplacerait le lendemain par un homme plus aimable et plus jeune pouvant passer dans les environs sur un cheval noir.

Mais il fallait d'abord former un ministère pour arriver à ce but, et le mot d'ordre devait être : « Vive Grévy ! vive Boulanger ! »

Pour composer ce ministère on a songé au bonheur de la France et on a choisi M. Andrieux comme premier ministre ; puis on a confié les postes et télégraphes, qui étaient ainsi en bonnes mains, pour les dépêches du lendemain, à M. Laguerre. Quant aux autres ministères, je les passe, je les ai oubliés.

Cela fait, on s'est dit : Mais il y a l'armée !

Et alors M. Le Hérissé, toujours artiste, a répondu : En ce qui concerne l'armée, Andrieux a eu un mot charmant. Il a dit : La Chambre des députés nous gênerait ; j'oublierai d'envoyer la police du côté du pont de la Concorde ; alors, les députés s'en iront par les fenêtres. Puis, quand on a ajouté : Et M. Grévy? M. Andrieux a encore eu un mot charmant : J'oublierai d'envoyer de la police du côté de la place Beauvau, et alors M. Grévy s'en ira. — Ce sera alors M. Boulanger qui le remplacera.

M. Le Hérissé, à ce moment, nous racontent les quatre députés témoins, n'a pas dit que c'était Boulanger, qu'il serait monté sur un cheval noir et que le lendemain il serait maître de la France ;

mais il s'est borné à accueillir le portrait fait du cheval noir et du cavalier par un sourire affirmatif.

Voilà par conséquent, messieurs, ce que nous savons de ces précédents de l'affaire, et vous allez voir leur importance par ce fait que le mouvement de la rue va commencer aux cris — ce qui prouve bien le mot d'ordre donné — de: Vive Boulanger! vive Grévy!

Nouveaux détails

Lorsque nous arrivons — et maintenant nous allons passer en revue les faits matériels — à ce qui s'est produit à la date du 1er décembre, nous voyons que M. Déroulède s'est présenté à la Chambre des députés, qu'il a voulu y entrer et qu'on lui a refusé la porte.

Alors, il a harangué la foule, et les commissaires de police qui ont rédigé les procès-verbaux, — ce qui prouve la pré-voyance et la réserve de ces agents, — n'ayant pas entendu la phrase de M. Déroulède, n'ont pas voulu dire les mots qu'il avait prononcés.

Mais d'autres les avaient recueillis, et nous savons que Déroulède avait crié: « Vive Boulanger! vive Grévy! » Voilà le mot d'ordre.

Et alors, messieurs, la foule, qui jusque-là était restée calme, devint houleuse. Il devint nécessaire, aux abords de la Chambre des députés, de faire évacuer le monde au delà du pont, vers la place de la Concorde.

Le commissaire de police dont je lis le rapport ajoute que les boulevards et les rues avoisinantes ont été barrés.

Une portion de la foule qui s'est livrée à ces manifestations, en recevant le mot d'ordre de Déroulède, était composée de camelots et autres personnages bien connus de la police et qu'on retrouve partout où il y a des troubles. Pour moi, j'estime que ces gens-là étaient payés.

Voilà ce qui n'était pas une manifestation spontanée.

J'ai encore la déposition d'un autre commissaire de police:

« Je ne peux que donner des renseignements sur la manifestation qui a eu lieu à neuf heures du soir du côté de l'Hôtel de Ville, dirigée par Déroulède.

» La manifestation prenant la direction de la rue de Rivoli vers la place de la Concorde, et supposant, d'après la présence de Déroulède, qu'elle pourrait passer devant l'hôtel du Louvre, je pris mes dispositions pour l'arrêter avant qu'elle y arrivât. J'y réussis. Je fis saisir Déroulède, qu'on envoya à la mairie. D'autres personnes furent arrêtées. Parmi elles figurait l'anarchiste Soudey. »

Ainsi, voilà Déroulède qui donne le mot d'ordre, qui agit de concert avec l'anarchiste Soudey. Tout cela est bon à connaître.

Il est à ma connaissance que d'autres manifestations auxquelles M. Déroulède a pris part ont eu lieu le même jour devant la Chambre des députés. On avait, ce jour là, essayé ses forces; la tentative sérieuse eut lieu le lendemain, et nous allons voir si, à ce moment, il y a eu commencement d'exécution.

« Le lendemain, 2 décembre, dit le commissaire de police, M. Montpellier, vers trois heures de l'après-midi, la foule ayant commencé à s'amasser devant la Chambre, des mesures furent prises pour l'empêcher de stationner dans les environs du Palais-Bourbon. Le pont de la Concorde fut barré du côté de la place de la Concorde, ainsi que les autres voies d'accès.

» Vers six heures et demie, la foule qui encombrait la place de la Concorde devenait menaçante. Elle avait attaqué la garde républicaine... » — vous voyez que c'était une manifestation —

« ... et les gardiens de la paix qui se trouvaient là pour maintenir l'ordre.

» Conformément aux instructions qui me furent données, je
traversai le pont avec quatre-vingts hommes et je fis évacuer le
côté gauche jusqu'à la hauteur des chevaux de Marly. Là, mes
gardiens furent assaillis à coups de pierres. Sept d'entre eux
furent blessés, dont l'un assez grièvement. »

C'était au nom d'un général français — c'est bon à retenir
— que sept gardiens furent blessés, dont un grièvement, sept de
ces gardiens, messieurs, qui sont les seuls peut-être qui vous
assurent la sécurité de la rue et qui ont droit à notre respect à
tous, parce que par le temps qui court, où certains anarchistes,
grâce à Boulanger, ont le haut du pavé, vous ne seriez peut-être
pas certains sans eux de regagner vos demeures.

Je continue ma citation :

« Je dirigeai alors mon mouvement vers la droite et j'opérai de
ce côté, comme j'avais fait du côté gauche, non sans avoir été
ici aussi assailli à coups de pierres. L'évacuation de cette partie
de la place de la Concorde ayant été obtenue, je me massai
avec mes hommes aux environs de l'obélisque. J'y restai une
heure ou deux. Puis le calme s'étant rétabli, je revins vers le
pont de la Concorde.

» Je suis convaincu, d'après ce que j'ai vu, que tant du côté
des Champs-Elysées que du côté de la terrasse des Tuileries, les
gens qui nous attaquaient obéissaient à un mot d'ordre. »

Voilà un commissaire de police qui n'a constaté que sept blessés
parmi ses hommes; je vais vous montrer tout à l'heure un autre
commissaire qui a eu également des hommes blessés parmi ses
hommes et qui a vu notamment tomber un malheureux soldat de
la garde républicaine à moitié assommé, son casque brisé sur la
tête, et cela dans l'intérêt d'un général de l'armée française !

Lisons la déclaration de M. Florentin :

« Je me mis immédiatement à la tête de quarante gardiens
de la paix... » Il était placé du côté du monument expiatoire de
la rue d'Anjou, quand il a été prévenu que du côté de la rue
Royale l'action était très grave. « Nous partîmes au pas de course,
descendîmes la rue du Faubourg-Saint-Honoré et prîmes la rue
Boissy-d'Anglas pour éviter la rue Royale, qui était en ce moment encombrée.

» Arrivés place de la Concorde, nous nous trouvâmes en présence d'une première bande postée à l'angle du garde-meuble et
de la rue Boissy-d'Anglas. Cette bande, surprise par notre arrivée, a été immédiatement mise en déroute sans que nous ayons
eu à nous arrêter.

» Nous nous dirigeâmes alors vers l'endroit où se trouvait la
garde qu'on nous avait dite enveloppée.

» Là, nous fûmes assaillis tour à tour par trois bandes qui
finirent par nous cerner et nous attaquèrent à coups de pierres,
cherchant en outre à nous aveugler en nous jetant du sable dans
les yeux... » C'est ce qu'on appelle, comme dit Rochefort, une
manifestation. — Un de mes hommes, placé derrière moi, reçut
une pierre à la tête, qui le blessa et m'obligea à le faire trans-
porter à la plus prochaine pharmacie.

» J'eus toutes les peines du monde à empêcher mes hommes de
se servir de leurs armes; mais malgré cela, nous parvînmes à
nous dégager, grâce à la garde qui exécuta une charge. C'est alors
que je me transportai rue Royale. On nous disait que, vers la Madeleine, la foule était tumultueuse.

» A l'angle du ministère de la marine, un coup de revolver fut
tiré sur la garde républicaine à cheval qui marchait derrière nous

Heureusement personne ne fut atteint ». Je ne pense pas que ç'a été la faute de l'assaillant — « mais on retrouva sur le chemin la trace de la balle. Quelques pas plus loin, un garde républicain est renversé sur le mur, par suite d'un écart de son cheval. La bande des manifestants se précipita alors sur lui et le frappa à l'aide de bûches enlevées chez un charbonnier du quartier; son casque fut défoncé, et si nous n'étions pas parvenus à le dégager rapidement, nous ne savons pas ce qu'il serait advenu. Nous continuâmes notre route vers la Madeleine, jusqu'en face du café Durand.

» La rue était barrée par une foule énorme, dont les premières lignes étaient composées exclusivement de curieux. Des pierres n'en continuèrent pas moins à nous être lancées, et l'un de mes agents fut blessé au-dessous de l'œil. »

Je n'ai pas besoin de vous en lire davantage: cette déposition est la constatation du triomphe final de la police et clot les procès-verbaux que j'ai eu l'honneur de vous lire, ou plutôt les dépositions écrites, car elle a été reçue par la commission d'instruction.

Voilà donc maintenant des faits sur le compte desquels il ne peut pas rester le moindre doute : le 1er décembre, des conciliabules politiques dans lesquels Boulanger annonce que l'armée ne sortira pas de ses casernes si la foule envahit la place de la Concorde ; puis, deuxième conciliabule, dans lequel on arrête un cri: « Vive Boulanger ! vive Grévy ! » qui va permettre à Boulanger d'arriver à l'Élysée dans les vingt-quatre heures, par personnes interposées.

Puis quand, le 1er décembre, le mouvement éclate, Déroulède vient déclarer, en enfant terrible qu'il est, que le mot d'ordre est : Vive Boulanger ! vive Grévy !

Voilà donc le lien incontestablement établi entre le conciliabule qui a fixé l'affaire et le premier mouvement de la place de la Concorde qui en a été le commencement d'exécution.

Et puis, cette échauffourée n'ayant pas réussi et Déroulède ayant été arrêté dans la soirée au bras de l'anarchiste Soudey dans la rue de Rivoli, le 2 décembre on recommence, et là il faut compter les blessés par huit ou dix; on voit les agents assaillis, réduits à repousser les charges de la populace et après s'être dégagés, relever leurs blessés sur des brancards et les porter vers une pharmacie, et, obéissant à ces devoirs d'humanité auxquels ils se sont toujours dévoués dans leur modeste carrière, arracher des mains boulangistes un malheureux soldat de la garde républicaine qu'on était en train d'assommer.

Il ne faut pas oublier qu'à ce moment de l'émeute il y a eu un commencement d'usage des armes à feu et que par un émeutier un coup de revolver a été tiré sur un soldat de notre armée.

Si vous ne trouvez pas dans ces faits un commencement d'exécution, on ne le trouvera nulle part.

Et lorsque j'arrive à poser ce fait que le 2 décembre est la revanche du 14 juillet, qui lui-même est la revanche de la tentative qui avorta à la gare de Lyon, je vois Boulanger factieux, après avoir quitté le ministère, susciter des mouvements dans la rue, les conduisant et être réduit par des circonstances qui ne sont pas le fait de sa volonté, à n'être criminel que dans la proportion d'une tentative.

Voilà ce que j'avais à vous dire, messieurs, au point de vue des tentatives.

Les exploits des camelots

Lorsque Boulanger a été mis en retrait d'emploi, au mois de mars 1888, les mouvements de la rue ont alors été assez fréquents. Les rapports de police, ou plutôt les dépêches télégraphiques reçues par M. le préfet de police et envoyées par des agents qui, ne se trouvant pas en force, étaient obligés d'appeler promptement un secours, établissent qu'il y a eu de grands désordres aux dates des 17 et 28 mars 1888 et à la date du 5 avril suivant.

Vous voyez par conséquent que ces mouvements se succédaient deprès et, lors du mouvement d'avril 1888 qui a eu pour centre surtout les environs de l'hôtel du Louvre dans la rue de Rvoli, il est bon — et je me bornerai à cela — de vous rappeler un simple passage des rapports des commissaires de police qui ont été obligés de s'opposer à l'irruption des colonnes. Ce passage, le voici :

« Les groupes essayèrent à plusieurs reprises de se reformer devant l'hôtel du Louvre et furent dispersés par les agents. En refluant devant la porte du ministère des finances, les boulangistes ne manquèrent pas d'insulter nos soldats.

« *A bas les lignards !* » criaient-ils, — il faut tout lire — « *ce sont des salops. Vive Boulanger !* »

Vous voyez par là, — le renseignement de moralité ne manque pas de portée, — vous voyez que lorsque des manifestations avaient lieu en son honneur, Boulanger n'interdisait pas plus l'insulte aux soldats qu'il n'interdisait l'outrage aux officiers généraux. A la date du 27 du même mois, il y eut une manfestation au café Riche. M. Déroulède ayant, par suite de la part trop active qu'il y avait prise, été menacé d'une poursuite en simple police pour tapage nocturne, Rochefort, dans un article de l'*Intransigeant* qui passera sous vos yeux et dont la lecture est inutile, faisait savoir que, si l'on exerçait une poursuite, il y aurait devant le Palais de Justice un nombre fort menaçant de ligueurs et que le gouvernement, en échange du tapage nocturne qu'il voulait réprimer, se préparait peut-être un singulier tapage diurne.

Ceci étant établi, je dois vous faire connaître qu'à cette époque les rues de Paris, lorsque les boulangistes les occupaient, cessaient, il faut bien le dire, d'être sûres, et que le système de terreur qu'on avait cherché à imposer avait pris de telles proportions que lorsqu'on se refusait à crier : « Vive Boulanger ! » au milieu des camelots, on courait grand risque d'être assommé.

Les Grenadiers de Déroulède

Le procureur général établit, de la manière la plus complète, que les camelots et les souteneurs lâchés sur la voie publique étaient embrigadés et payés par les boulangistes pour accomplir les actes préparatoires qui devaient conduire les auteurs du complot vers le coup d'Etat :

Nous avons entre les mains — le dossier en contient une liasse — de grandes affiches rouges qui portent le portrait de Boulanger aux quatre coins, et qui, dans leur texte, sont une convocation à la populace pour se réunir à la date du 14 juillet sur la place de la Concorde.

Le porteur de ces affiches a été un homme bien connu, dont je vous ai déjà parlé, Morphy, l'anarchiste. L'individu qui a été l'entrepreneur, le confectionneur de ces affiches s'appelle Marx : c'est son métier. Ce que je tiens à vous dire, c'est que Marx est allé s'entendre à propos des commandes, et, plus tard, du règlement du prix avec Dillon, l'un des complices, à Neuilly.

Voilà donc un fait que je vous signale sans vouloir vous entraîner à entendre un récit inutile de ce qui s'est passé ce jour--là au bois de Boulogne et de la circonstance, indépendante de la volonté de Boulanger, qui l'a empêché, ainsi que cela se disait très haut au Cercle militaire, où l'embauchage s'était produit — le fait est établi dans le dossier — de se rendre en uniforme à la revue de Longchamps afin d'exciter l'enthousiasme des troupes ou de bénéficier de l'enthousiasme qu'il avait acheté à beaux deniers comptants. Il avait reçu la veille un coup d'épée qui le mettait hors d'état, ce jour-là, de réaliser ses projets ; mais vous les connaissez assez pour en apprécier suffisamment le caractère criminel.

A la date du 15 octobre, il y a une autre manifestation, et, au mois de novembre, une autre encore extrêmement grave, qui a causé de justes alarmes au gouvernement et à la préfecture.

M. Déroulède se décidait, en effet, ce jour-là, à proclamer officiellement que Boulanger devenait le chef de l'ex-Ligue des patriotes ; et il s'est agi, plusieurs maîtres d'hôtel ayant refusé leur local pour cette manifestation séditieuse, et Lemardelay ayant enfin offert ses salons, de faire défiler les ligueurs dans la rue Richelieu, au nombre de 10 ou 12,000, clairons en tête.

Le scandale de la rue Richelieu

Les faits sont parfaitement établis, et la police a été obligée de pratiquer dans toutes les rues avoisinantes des barrages pour empêcher ce débordement de gens disciplinés, qui pouvait commencer par une promenade militaire et finir une heure après par une émeute.

Lorsque, dans l'intérieur des salons Lemardelay, les 200 qui avaient pu manger au rez-de-chaussée ont été présentés à Boulanger doublé de Dillon, dont vous voyez ici la complicité s'affirmer par un acte matériel, Boulanger ayant pour voisin Dillon étant adossé avec lui à la cheminée, reçut la foi et l'hommage des ligueurs qui, ce jour-là, venaient lui offrir l'appui de leurs bras pour s'enaller vers l'Élysée; et afin de vous montrer sur ce point, qui a bien son importance, que je ne laisse rien à l'hypothèse ou à des souvenirs qui peuvent toujours être infidèles, je vais me permettre de vous lire seulement cinq ou six lignes de l'enquête à laquelle il a été procédé à propos de ces évènements du mois de novembre.

M. Déroulède a pris le premier la parole, c'était son droit, puisqu'il s'agissait de la transformation et de la présentation des ligueurs dont il avait fait une terrible force militaire, et, à ce moment, il a dit :

« Au nom de tous les membres de la Ligue, nous venons vous remercier chaleureusement de votre présence ici, vous que nous considérons comme notre chef. »

Alors, un sieur Peyrot, du 14e arrondissement, a fait, lui aussi, son petit discours ; il a assuré le général que les ligueurs lui étaient absolument dévoués.

Un sieur Georges Renault a protesté au nom de tous les ligueurs du dévouement de ceux-ci, ajoutant « qu'un seul mot suffirait pour les mettre debout. »

Je n'ai pas besoin d'en dire davantage.

Vous savez maintenant ce qu'était la prétendue manifestation du mois de novembre, et je vous demande si vous n'y avez pas trouvé, comme moi, le plus caractéristique des actes préparatoires.

Encore l'embauchage

De nouvelles manifestations boulangistes se produisent sur la voie publique. Des bandes d'émeutiers ne craignaient pas d'attaquer les agents en criant : « A mort la police ! » et en acclamant Boulanger.

Pendant ce temps, les actes d'embauchage se multipliaient :

Voilà, messieurs, les faits. Vous voyez que je les passe très rapidement en revue; mais je vous prie de croire que je n'y attache pas moins d'importance; et, pour que vous y attachiez la même importance que moi, je veux en terminant, vous faire savoir qu'au cours de toute cette période M. Boulanger n'a jamais abandonné l'idée de changer les manifestations en tentatives, et de se préparer les moyens d'un coup d'Etat.

Je vais vous en donner la preuve écrite la plus frappante en vous montrant qu'à côté des actes d'embauchage auxquels il s'est livré, et que je vous ai révélés à l'audience d'hier, M. Boulanger, au mois de décembre 1888, alors que ce soldat dont je vous ai raconté l'histoire recevait 11 fr. pour mettre crosse en l'air lors de la révolution de 89 annoncée dans un cabaret de choix du Château-d'Eau, à cette même époque, au mois de décembre, M. Boulanger cherchait à paralyser la résistance de la police en corrompant un homme qui a été soldat comme lui, qui est Breton comme lui, qu'il a autrefois connu d'une façon particulière et dont il croyait, par conséquent, la conquête possible, un homme dont la conquête aurait été terrible pour l'ordre public : c'est le chef de la Sûreté :

Voici, en effet, — cela na pas besoin de commentaires, — la lettre qui a été écrite au nom de M. Boulanger par Breuillé, son secrétaire, à M. Goron, chef de la Sûreté.

« M. le général me prie de vous dire qu'il désirerait vous voir et causer quelques instants avec vous. Pour cela, vous n'avez qu'à venir, à la tombée de la nuit, et vous présenter sans donner votre nom aux domestiques. Voulez-vous être assez aimable pour indiquer le jour où vous pourrez venir et l'heure exacte, pour que le général donne des ordres en conséquence, de façon que personne ne vous voie.

» Veuillez agréer l'assurance, etc.

» Breuillé,
» Secrétaire particulier du général Boulanger. »

C'est à la cote 723 du dossier des pièces originales.

Et l'homme au nom duquel on a écrit cela, au point de vue du conspirateur, au point de vue du préparateur de coup d'Etat, est jugé, je crois, par tout le monde.

Boulanger et l'armée

Boulanger a été le soldat ayant trente ans de services, et c'est ce qui doit le faire condamner, je ne dis pas par vous, mais d'une façon plus cruelle par le pays, lui, l'éternel insulteur de l'armée. L'armée n'a pas été atteinte par ses insultes, et si un chef de bataillon d'un régiment en garnison à Mamers lui écrit un jour, dans une lettre de félon, que la Grande Muette tressaillait à la vue de son épée, je dis, moi qu'il ne s'agit pas de la Grande Muette; il s'agit de la Grande Glorieuse, il s'agit de ce corps d'officiers qui, pendant cinquante ans, pendant que Boulanger arrivait par l'intrigue, ont cherché, eux, à se rendre dignes du ruban qu'ils portaient à leur boutonnière, à le justifier par leur courage et par leur dévouement.

Je pense à tous les hommes qui n'ont rien à cacher, qui sortent de nos campagnes, qui travaillent leurs champs et qui demain, si les circonstances l'exigent, quitteront leur charrue pour aller se faire tuer obscurément pour la patrie. Et ce n'est pas un Boulanger, parce qu'il s'est trouvé un jour à leur tête avec un uniforme qu'il était indigne de porter, ce n'est pas un Boulanger qui aura pu atteindre en quoi que ce soit l'armée française. L'armée française est assez grande pour se dire que, quand elle a une brebis galeuse dans son sein, elle a le devoir de la rejeter avec mépris et de continuer sa route la tête haute.

Boulanger, je tiens à vous le dire, n'a jamais manqué un jour de chercher à insulter l'armée, et pour en finir à ce point de vue là, pour montrer qu'à cet égard même, c'est un homme flétri et à jamais cloué au pilori, je veux vous montrer Boulanger s'entendant avec l'escroc Buret pour tâcher de salir les généraux français, alors qu'il était en Tunisie, qu'il convoitait le ministère de la guerre et qu'il pensait que les généraux étaient pour lui, non des collègues rivalisant avec lui de dévouement et de courage, mais l'obstacle.

Voilà ce qu'il écrivait à ce moment à son cher ami Buret :

« Je compte toujours sur vous pour me tenir au courant... Brûlez cette lettre... D'après les nouvelles que je reçois, les deux concurents les plus redoutables que j'aurais dans la première combinaison seraient Thomassin et Tricoche. Le premier, vous savez, l'homme de Gambetta ; le second, fin et intelligent, mais sans aucune consistance !... » — Je me demande ce qu'on aurait pu dire de lui ! — « ... Il y aurait peut-être lieu de les saper sans prononcer mon nom. Beaucoup de prudence ! »

Voilà la lettre du général à l'escroc.

C'est le dernier trait que je voulais ajouter au portrait de ce visage.

La sincérité de Rochefort

Ces gens-là se sont défendus ; ils cherchent encore à se défendre, et comment donc ? — Par le mensonge.

Eh bien, quand on a envie de dire la vérité, on ne craint pas une juridiction ; quand on est innocent, on les accepte et on demande la parole parce qu'on a envie de clamer dans un endroit quelconque la vérité. Eux, jamais ! Toujours dans l'ombre, ils lancent le mensonge ; et il faut, pour que quelqu'un dans la Haute-Cour puisse hésiter encore, il faut croire ce que Rochefort dit dans sa feuille immonde.

Voudrez-vous croire Rochefort contre les magistrats ? Que dis-je ? contre les dossiers, contre l'instruction faite par neuf respectables membres de la Haute-Cour ? Vous savez bien ce que c'est que Rochefort !

Voulez-vous que, par un dernier trait, je le fasse connaître aussi, celui-là ?

Rochefort, en 1871, — c'est comme cela qu'il connaît l'armée, lui, — est passé devant un conseil de guerre ; et Dieu sait de quel crime il avait à rendre compte : il avait fait tuer des vieillards, de pauvres religieux sans défense, respectables. Alors, on lui a demandé : Mais, vous avez dénoncé les instituteurs congréganistes dans votre journal ; vous les avez accusés de telle chose pour exciter la foule, qui était armée à ce moment ; vous saviez bien que cela n'était pas vrai ?... — C'est dans le dossier, je vous l'affirme. — Il a répondu, cet homme qui, aujourd'hui, joue vis-à-vis de nous au justicier, il a répondu au conseil de guerre, avec cette pâleur qui lui est propre quand il s'agit de regarder les gens en face : *Oui, je savais que ce n'était pas vrai quand j'ai dit cela : mais il fallait le faire parce que j'en avais besoin vis-à-vis de mes lecteurs !* »

Voilà l'homme. Cela est dans le dossier de 1871. Ce sont des généraux français qui ont recueilli cette parole qui vous fait voir une fois de plus ce que sont ces gens-là.

La question de droit

Le procureur général examine la cause au point de vue du droit et de l'application de la loi aux conspirateurs. Sa discussion serrée est basée sur des textes précis et des précédents nombreux. Il établit la compétence de la Haute-Cour, prévoit les objections, les réfute péremptoirement et montre comment la loi peut être appliquée aux coupables.

BOULANGER ET LES FONDS SECRETS

Après avoir établi la question de droit, le procureur général reconstitue la vie de Boulanger dans ces dernières années et révèle des faits, les uns à titre d'accusation connexe, les autres à titre de renseignements, afin d'éclairer plus complètement la cause :

Le bruit courait, dès 1887, que Boulanger n'était pas sorti les mains nettes du ministère de la guerre et qu'il avait gravement abusé du maniement des fonds secrets. Il était même dénoncé à l'opinion publique par des gens qui n'ont pas toujours été ses ennemis, en particulier par le journal l'*Autorité*.

A la date du 11 juillet 1887, l'*Autorité* disait :

« Après s'être soustrait surtout à la reddition de ses comptes en matière de fonds secrets, ce qu'aucun ministre n'a jamais fait, il est parti..., etc... »

Rochefort lui-même avait donné l'éveil avec cette courtisanerie maladroite qui lui fait commettre tant de bévues, qu'il ne commettait pas autrefois; peut-être avait-il alors plus d'esprit qu'aujourd'hui !

Dans l'*Intransigeant* du 9 mars 1888, il écrivait, en parlant du gouvernement :

« Ces malheureux se demandent, avec un surcroît d'affolement, par quels procédés inconnus du monde politique cet ancien ministre de la guerre est parvenu à laisser dans le pays des traces aussi profondes, sans avoir eu besoin de distribuer des fonds secrets à personne. »

Or, on savait qu'il n'avait rien et qu'il avait payé sa popularité très cher. Les soupçons grandissaient.

M. le général Ferron, entendu dès le 20 avril, avait révélé l'opinion courante des bureaux et fourni quelques bases d'appréciation.

« J'ai constaté, disait-il à M. le président de la commission d'instruction, que les fonds secrets du ministère de la guerre étaient à jour au point de vue de la dépense par douzièmes. Le général Boulanger m'a demandé... » — n'oubliez pas cela, messieurs, car cela répond à ce qu'a osé faire écrire cet homme il y a quelques jours, à savoir qu'il avait payé ses dernières dépenses de ses deniers personnels quand il a quitté le cabinet. Vous allez voir ce qu'en dit son successeur, et vous allez avoir, comme vous l'aurez toujours jusqu'à la fin, la preuve que toutes les fois qu'il parle il altère la vérité. — « ... M. le général Boulanger m'a demandé de payer sur les fonds secrets certains travaux d'amélioration qu'il avait fait exécuter dans les bureaux de son cabinet, sans avoir les crédits nécessaires. »

Je suis autorisé à vous dire que de vive voix, M. le général Ferron, après sa déclaration écrite, a dit à ces messieurs de la commission, qui étaient alors tous réunis, que les dépenses qu'il a acquittées pour M. Boulanger après le départ de celui-ci, s'étaient élevées à 30 ou 32,000 fr.

« Il ne m'a pas parlé de la caisse de réserve, et ne m'a demandé par conséquent aucun reçu des fonds de cette caisse. » — il cherche à s'en prévaloir ! — « L'ancien ministre était accusé par beaucoup de personnes de s'être servi des fonds de réserve pour payer les frais de la propagande effrénée qui se faisait sur son nom. »

L'honorable témoin avait dit aussi :

« Contrairement à l'usage, le général Boulanger n'a pas rendu compte à M. le président de la République de la situation des fonds secrets ! »

On pressentait bien, messieurs, qu'il y avait de ce côté-là des **ténèbres à éclaircir.**

Eh bien, comment faire? Un témoin avait affirmé dans sa déclaration que le colonel Vincent s'était trouvé un jour en vive discussion avec son chef, le général Boulanger, parce que celui-ci le sollicitait en vain de lui remettre, pour ses besoins personnels, des fonds appartenant à la guerre.

Le colonel Vincent avait résisté. Le sieur Geysen, employé au ministère, qui avait entendu de la chambre voisine la conversation confinant à l'altercation, constata le fait.

Le colonel Vincent a été entendu, à son tour, à la fin de mai, et a nié le fait dans une déposition au cours de laquelle il eut une attitude qui frappa très péniblement les membres de la commission d'instruction.

Il a fait voir suffisamment qu'il était bien l'homme capable d'aller, — comme je vous l'ai montré hier, par certains renseignements, — dîner chez le sieur de Mondyon, et, dans tous les cas, qu'il était bien l'homme qui a permis à l'*Intransigeant*, il y a huit jours, d'abuser de son nom pour éditer un mensonge.

En résumé, le colonel Vincent démentant M. Geysen, le fait a été considéré comme non avenu, parce que nous n'avons jamais voulu marcher qu'avec des preuves indiscutables.

La révélation décisive

On en était là, quand le hasard a livré la révélation décisive. Au commencement de juin, M. le général Yung, ancien chef de cabinet de Boulanger, déposant comme témoin, dit :

« Si vous voulez avoir des renseignements précis, demandez-les à M. le sous-intendant Reichert, payeur attaché au cabinet du ministre. »

Aussitôt, avec une prudence et une sagacité à laquelle on ne saurait trop rendre hommage, M. le président de la commission d'instruction a fait, sur l'heure même, demander par exprès M. Reichert à son cabinet de la rue Saint-Dominique, et l'a fait venir au Sénat par une invitation courtoise, mais pressante, et il faut ajouter que s'il y avait eu à ce moment une heure perdue, on n'aurait jamais rien eu, en fait de papiers, sur cette partie de l'instruction.

M. Reichert a donc été introduit, et ce fut, il faut bien le dire, l'épisode le plus dramatique de l'instruction.

M. Reichert, lorsqu'on l'a interrogé, a commencé par changer de couleur, par balbutier, et par rester sans voix. Tout cela est établi sous forme d'observations nécessaires dans son interrogatoire.

On lui a demandé de suppléer à son défaut extraordinaire de mémoire en produisant sa comptabilité. Il a répondu qu'il n'avait plus ses livres.

Pressé de questions, ce sous-intendant marqua un trouble croissant, puis déclara qu'à l'annonce des poursuites dirigées contre Boulanger, il avait remis ses papiers, sa comptabilité du ministère, à Dillon.

Ensuite, il modifia son système, en alléguant qu'il était allé sans doute chez Dillon au premier bruit du procès intenté à l'ancien ministre — il n'a pas retranché cela — et qu'il avait voulu remettre sa comptabilité qui l'embarrassait beaucoup, mais que Dillon, qui n'avait pas voulu s'en embarrasser lui-même avait dit qu'on lui rendrait réponse et s'était contenté d'ajouter: « On vous enverra des instructions, en attendant, mettez vos papiers en lieu sûr. »

Sur nouvel interrogatoire de M. le président, il ajouta que des papiers étaient cachés, et lorsque M. le président de la commission lui demanda le nom de la personne qui en était dépositaire ; il refusa de la faire connaître.

— 51 —

Les réponses contradictoires du témoin, son trouble croissant,
l'obstacle qu'il apportait systématiquement à la manifestation de
la vérité le rendaient plus que suspect. Son entrevue secrète avec
Dillon au moment où celui-ci allait fuir et l'importance probable
d'écritures qu'il mettait tant de soin à soustraire aux regards, ne
permettaient pas d'hésiter: il y avait indices graves de complicité
contre lui. M. le président l'adjura en vain ; je fus introduit dans
la pièce d'instruction, je l'adjurai à mon tour, et, comme il
refusait de dire la vérité, je crus qu'il était de mon devoir de
prendre des réquisitions contre lui.

M. Reichert, prévenu de complicité de complot et d'attentat, —
de complot, ce n'était pas douteux; il s'agissait même de faits
connexes au complot, — fut à ce moment l'objet d'un mandat de
dépôt.

Mais par égard pour le grade qu'il occupe, la prison où il fut
déposé fut la prison du Cherche-Midi, prison militaire, et il y
fut amené librement par un commissaire de police, parce qu'au
dernier moment, il se décida à dire : « Mes papiers sont cachés
chez un officier » — il s'agissait d'un capitaine du 74° de ligne,
attaché au ministère de la guerre, et fort ami de Boulanger.

Alors on le mena chez cet officier, où l'on trouva les papiers.

Le commissaire de police dit alors à Reichert, avec autorité,
— car c'est comme cela qu'il faut procéder avec lui; sans cela, il
ne dit rien spontanément : « Vous devez encore avoir d'autres
papiers déposés ailleurs ? » Reichert répondit : « Oui, j'en ai
encore une partie chez un inspecteur des forêts. »

On y alla sur l'heure, si bien que la promenade se prolongea
jusqu'à onze heures du soir, et, chez cet inspecteur des forêts, on
retrouva de nouveaux plis cachetés.

Le lendemain, Reichert comparut devant la commission pour
y être de nouveau interrogé; on ouvrit les scellés en sa présence et
on provoqua de nouvelles explications.

Il a été alors dans la nécessité d'avouer qu'il avait été le comptable de M. Boulanger au ministère et que les écritures qu'il avait
cachées étaient des écritures établissant les dépenses du ministère Boulanger et du ministre M. Boulanger lui-même.

Nous étions dès lors certains que jamais M. Boulanger, à moins
d'une mauvaise foi insigne, ne pourrait discuter avec nous,
puisque, prenant pour base les écritures de Reichert, nous
avions évidemment la comptabilité de Boulanger lui-même.

Cela n'a pas empêché M. Boulanger, depuis lors, de publier
les lettres que vous savez; mais, à ce moment, nous avions
une certitude, c'est que nous avions les pièces de Boulanger lui-
même. Et alors on a procédé à leur examen.

Eh bien, avec ces livres, on a reconstitué la gestion et établi
l'histoire financière de Boulanger, ministre.

L'instruction aussitôt s'est élargie: des faits jusqu'alors de-
meurés obscurs se sont expliqués, et la preuve a été obtenue
que Boulanger avait commis un crime jusque-là inconnu dans
notre patrie : le détournement, par un ministre, des fonds de la
défense nationale.

Détails sur les fonds secrets

Les ministres de la guerre sont pourvus d'une somme an-
nuelle pour faire face aux dépenses secrètes de l'armée. Cette
somme, en 1886-1887, s'élevait à 700,000 fr. Depuis, elle a été réduite — mais depuis lors seulement, veuillez le remarquer, car
on a encore essayé de créer une équivoque sur ce point — à partir de 1888 seulement elle a été réduite à 500,000 fr.

Les ministres n'ont pas à rendre compte de l'emploi de cet

argent, mais à la condition expresse que sa destination générale
sera respectée, puisque c'est le trésor secret de l'armée.

Depuis 1872, et surtout depuis 1878, — car c'est à partir de cette
époque que le fait a été bien réglementé — MM. les ministres de
la guerre se sont appliqués à faire des économies sur le chapitre
des fonds secrets, afin de constituer une épargne, et cette épargne
a été la caisse de réserve.

Cette caisse s'est enrichie de leurs économies accumulées, et
ils ont estimé tous que leur devoir étroit était d'y ajouter sans
cesse et de n'y puiser jamais. Ce fonds de réserve n'avait qu'un
seul emploi possible, aux yeux de tous nos généraux patriotes : il
devait être appliqué aux besoins imprévus de la défense en cas
de déclaration de guerre.

Jamais on n'a confondu, même en comptabilité, la caisse des
fonds secrets avec la caisse du fonds de réserve. C'est à ce point
que si, parfois, les disponibilités de la caisse des fonds secrets se
trouvaient épuisées, on empruntait — remarquez le mot — à la
caisse de réserve, mais en ayant soin de porter sur les écritures la
mention suivante: « Doivent les fonds secrets à la réserve la
somme tant. » Et dès qu'on avait touché les fonds secrets de la
mensualité suivante, on s'empressait de rembourser la réserve.

J'espère que cette explication est claire.

Ajoutons, comme conséquence, que le ministre est comptable
des moindres mouvements de la caisse de réserve, et que le chef
de l'Etat, en donnant tous les ans un quitus sur les fonds secrets
de l'armée, n'y comprenant jamais l'emploi des fonds de réserve.
Le quitus se trouve restreint ; il s'applique exclusivement aux
fonds secrets, en dépit des mensonges que fait répéter le sieur
Boulanger depuis qu'il est en fuite.

Le général Ferron a très bien exposé ce point dans sa déposition :

« La caisse de réserve, dit-il, dont l'objet était de mettre des
fonds en espèces métalliques à la disposition du ministre de la
guerre pendant la période de préparation à la guerre, était le
produit des économies faites sur les fonds secrets par les généraux Farre, Campenon, Billot et Thibaudin. »

Un employé du ministère de la guerre nous a renseignés au
point de vue du mécanisme pratique de la chose. C'est un agent
comptable nommé Desassis, qui a été entendu comme témoin.

Ecoutez, messieurs, ses déclarations :

« D. — Quelles sont les fonctions auxquelles vous êtes préposé
au ministère de la guerre ?

» R. — Je suis chargé de payer le personnel du ministère, diverses dépenses urgentes, et toutes les dépenses concernant les fonds
secrets.

» C'est moi seul qui ai qualité pour aller toucher au Trésor
les mandats relatifs aux fonds secrets, imputables sur le chapitre du budget du ministère de la guerre intitulé : « Dépenses
secrètes ».

» Je ne suis nullement chargé de ce qui concerne les fonds dits
« de réserve », Mais je sais que ces fonds étaient enfermés dans un
coffret à demeure qui se trouve dans le coffre-fort de mon service.

» Les clefs de ce coffret ne sont pas à ma disposition. »

Les mensonges du concussionnaire

Quant à répondre aux mensonges que M. Boulanger a fait
débiter depuis la saisie des pièces Reichert, ce serait vraiment
puéril. Il a dit, en effet, avoir remis la réserve intacte, parce
qu'il en a remis une partie en espèces et une partie en reçus provisoires. Qu'est-ce que c'est que des reçus provisoires, surtout lorsqu'ils s'appliquent au cercle militaire et qu'ils représentent par

conséquent une somme irrecouvrable ? Des morceaux de papier !
De quoi, au contraire, a besoin, pour parer aux dangers de la
patrie, un ministre de la guerre qui, au moment des dernières
négociations diplomatiques, et alors que la menace d'une guerre
peut éclater en quelques heures, met en mouvement les premiers
éléments de la défense? Est-ce qu'il a besoin de chiffons de papier? il a besoin d'avoir deux ou trois millions en attendant que
les caisses de l'Etat lui fournissent de l'argent! et n'avez-vous pas
entendu M. le général Ferron vous appren dre tout à l'heure que
ces réserves ne peuvent consister qu'en espèces métalliques? Les
respectables généraux qui ont été ministres de la guerre depuis
quelques années, l'ont si bien compris qu'ils ont caché ces écus
sacrés de la défense dans un coffret dont leurs employés de confiance eux-mêmes n'ont pas la clef. Et Boulanger vient nous dire :
Moi, j'ai mis dans ce coffret — voyez quel honnête homme je fais!
— j'y ai mis des reçus provisoires!

Voilà pour cette première objection.

Mais l'accusé en fait une autre: il fait dire, par je ne sais quel
famélique de sa troupe, qu'il n'avait besoin ni de Reichert ni
de personne, qu'il était le maître au ministère et que s'il avait
voulu puiser dans la caisse, il n'avait qu'à se baisser pour prendre... — Allons donc ! Est-ce qu'un ministre est son propre cais-
sier?

Est-ce que dans tous les ministères, la comptabilité n'est pas
organisée de telle façon qu'on ne doit procéder que par mandats,
dont les fonds sont délivrés par des subalternes intermédiaires ?

Quand Boulanger a dit de pareilles choses, il a peut-être voulu
tromper les petits enfants, mais assurément il n'a pas formulé
là une réponse que l'on puisse discuter devant la Haute-
Cour, sans s'exposer à l'accusation de lui manquer de respect,
parce que, assurément, ce n'est pas un argument sérieux.

L'emploi des fonds détournés

Nous voyons, par conséquent, ce que deviennent ces prétendue^s
objections; mais surtout nous voyons où est le point de départ
de notre discussion. Boulanger a donc deux caisses : une caisse
des fonds secrets dans laquelle il peut puiser sans rendre
compte, pourvu que ce soit pour les besoins secrets de l'armée,
et, en second lieu, une caisse de réserve dans laquelle il peut
mettre, mais de laquelle il ne peut rien ôter, qui est mise à
part en vue du cas de déclaration de guerre, qui est sacro-
sainte et dont on ne saurait jamais distraire un centime sans
en justifier l'emploi au moins par des écrits.

Je n'ajoute qu'un mot : la réserve, quand Boulanger est
entré au· ministère, était, en écus sonnants sous clef, de
2,200,000 fr., en chiffres ronds : c'était l'obole de la première
heure de la défense.

Eh bien, qu'a-t-il fait pendant son passage au ministère? Il a
pris — je dis « pris » — 279,000 francs dans la caisse sacro-sainte
de la réserve. Il n'y a pas de discussion possible entendez-le bien !

Boulanger ne peut rien contester, puisque, je ne saurais trop
le redire, c'est avec la comptabilité de son sous-intendant
Reichert qui a mieux aimé, lui, officier supérieur, aller coucher au
Cherche-Midi que de vendre son patron le premier jour, c'est
avec la comptabilité de celui qui demande des ordres à Dillon,
qui cache en lieu sûr, chez des officiers infidèles, les papiers
secrets du ministère, c'est avec la comptabilité d'une créature de
Boulanger que je vais discuter contre Boulanger !

Par conséquent, il n'est possible à personne de m'opposer la
moindre objection.

Eh bien, comment a-t-il employé cés 279,000 fr. ?

C'est un point réservé; qu'il me suffise de dire, en attendant, qu'aucune dépense n'a été légitime, et que ce qui n'a pas été dépensé est tombé dans la circulation, dans le mouvement général des fonds du ministère et s'est ajouté ainsi aux fonds secrets qu'il gaspillait à pleines mains.

Au nombre de ces faits de gaspillage des fonds secrets, j'en relève un qui nous appartient, parce qu'il constitue un des actes du complot, ou du moins s'y rattache indiscutablement par le lien de la connexité.

Boulanger, en dix-sept mois de ministère, a détourné 212,000 fr. et une fraction pour subvenir à ses réclames politiques! 212,000 fr. qui appartenaient à la France, qui étaient destinés à la protection, à la surveillance de nos frontières. Tout soldat, tout patriote se serait laissé mourir de faim à côté de cette somme d'argent, plutôt que d'ouvrir la serrure secrète. Lui, il l'a prise et il l'a jetée à poignées aux journaux et aux journalistes pour préparer sa dictature !

Ah ! sans doute, un ministre de la guerre a bien le droit de donner à la presse sérieuse quelques faibles sommes pour obtenir, par exemple, l'insertion d'articles techniques destinés à encourager un progrès en vue, une invention nouvelle ; cela s'est fait peut-être, et cela se comprend très bien. Mais, messieurs, notez ce point capital : jamais Boulanger n'a fait une dépense de cette nature. Les 212,000 fr. ont été dépensés en totalité pour la fabrication de son inévitable portrait, pour le tirage de ses biographies césariennes, pour sa glorification personnelle.

Voilà bien l'abus de confiance, le détournement. Des fonds sont remis à Boulanger pour un usage déterminé, pour les nécessités du ministère de la guerre; il en saisit une partie, et les applique à son usage propre. C'est non seulement l'acte odieux, l'acte vil : c'est aussi l'acte prévu par le code pénal.

Je vais citer, maintenant, quelques détails, parce qu'il faut asseoir cette accusation : vous allez voir qu'elle repose sur des bases solides.

Les détails que je vais faire connaître sont tous pris dans la comptabilité Boulanger-Reichert, tous copiés sur les carnets que Dillon recommandait de mettre en lieu sûr, et vous saurez, quand vous les aurez entendus, jusqu'où peut conduire la perte absolue de sens moral.

Courtisan de tous les publicistes, Boulanger avait organisé au ministère de la guerre un bureau de la presse confié à un officier supérieur, le commandant Plet, qui recevait et donnait les nouvelles, et qui, d'ordinaire, payait les subventions. Mais cela ne suffisait pas; et un de ses officiers d'ordonnance, qui ensuite est devenu son gendre, Driant, prenait aussi des fonds ; il émargeait avec cette indication entre parenthèses : « sérvice de la presse ».

Les écritures portent que Driant, lui, qui n'avait rien à faire avec la presse, puisque cela regardait le commandant Plet, spécialement chargé de ce service, a reçu sous la rubrique « presse » 16,500 francs, et nous savons, d'autre part, par la déclaration d'un sieur Giely et de deux autres imprimeurs, que Driant était le représentant de Boulanger auprès de ces imprimeurs et du dessinateur Pech de Cadel, pour ce qui concernait la confection et la vente des biographies héroïques.

Voilà donc 16,500 francs que nous voyons tomber dans les mains de Driant, et nous savons où va Driant à la même époque : il y a des gens à payer : c'est Pech de Cadel, ce sont les imprimeurs.

Mais Boulanger lui-même, de sa personne, émargeait pour la

presse ; il émargeait avec la mention entre parenthèses : « Service de la presse », comme un simple rédacteur de dithyrambes boulangistes. Voici une pièce qui le révèle, et je cite ici le relevé des carnets de Reichert :

« Paris, 28 avril 1886.

» Le sous-intendant M. Reichert remet à M. le ministre, par l'intermédiaire de M. le colonel chef du cabinet, la somme de dix mille francs (10,000 fr.) pour subventions aux journaux.

» *Le sous-intendant,*

» Signé : Reichert. »

Le 26 août 1886, il a encore touché personnellement 10,000 francs, sous la rubrique « presse » ; mais cette fois par un commandant et non plus par M. le colonel Yung.

Ainsi Boulanger lui-même se faisait attribuer des sommes sur le fonds de la presse, sans doute pour donner de petits pots-de-vin secrets ou d'autres allocations de même nature aux rédacteurs de ses biographies.

Et voilà deux sommes de 10,000 francs, soit 20,000 francs, qui, avec les 16,500 francs délivrés à M. Driant, constituent, dans ce chapitre inexplicable, un détail plus inexplicable encore.

Voici maintenant les payements faits par le commandant Plet. Ceux-là rentrent bien, étant donné le point de départ faux, dans le système régulier des subventions à la presse : Boulanger a donné 25,000 francs au journal l'*Action*. Là nous avons à l'appui des écritures la déposition d'un sieur Gelez (cote 212 du dossier).

M. Hanotaux, député, dans sa déposition, nous apprend que, de plus, Boulanger avait dans sa main le *National*, au moyen d'un achat fictif de 1,000 numéros par jour.

Enfin, un journaliste a reçu 10,000 francs de subvention, pour articles laudatifs.

Vous croyez peut-être que c'est pour plusieurs années, non, c'est pour sept mois.

Un autre a touché 5,000 fr. par trimestre.

Et ce qu'il y a de plus singulier, c'est que ce prétendu agent de la presse a été de ma part et de la part des membres de la commission l'objet de certaines recherches. Nous avons consulté le Bottin, et nous avons trouvé qu'il n'avait d'autre profession que celle de représentant de commerce.

Veut-on voir quelque chose de plus invraisemblable encore ? On trouve toujours sous la rubrique « presse », des subventions provisoires et des subventions remboursables.

Je veux croire M. Reichert, je veux croire que c'est un journaliste dont le nom commence par B, qui a reçu 19,500 fr. en trois mois.

Voici d'ailleurs comment se décompose cette somme :

Le 9 octobre — c'est en 1886, bien entendu — 2,000 fr.

Le 16 octobre, 5,000 fr.

Le 23 octobre, 4,000 fr.

Le 27 octobre, 4,000 fr.

Le 24 novembre, 1,000 fr.

Le 4 décembre, 1,000 fr.

Le 23 décembre, 1,000 fr.

Le 26 janvier 1887, 500 fr.

Chiffres que je vous ai lus très vite, et je ne veux pas vous obliger à en faire le décompte ; je vous prie seulement de remarquer cette circonstance très curieuse, à savoir que le sieur B... ou le prétendu B... a reçu 15,000 francs dans le même mois d'octobre, dont 8,000 fr. en quatre jours.

Voilà ce qui résulte des mentions que j'ai eu l'honneur de parcourir devant vous. Boulanger payait la presse de cette façon avec les fonds secrets.

Il y a aussi cinq reçus délivrés par un sieur Jouve, qui sont chacun de 5,000 fr.

Je veux ajouter que Boulanger allait jusqu'à faire travailler ses historiographes sur commande, et que quand la police se trouvait en travers de ses secrètes manœuvres, il payait des dédits avec l'argent de la France. Témoin la pièce que voici, dont je vais vous donner lecture.

Elle émane du commandant Plet :

« Reçu la somme de 1,000 fr. (indemnité à l'auteur et à l'éditeur du *Général Revanche* auxquels on a interdit la publication.)

« Paris, le 12 avril 1886.　　　　　　　　　» Signé : PLET. »

Ainsi, c'est un officier supérieur qui a prêté sa plume, et c'est un général de l'armée française qui a pris dans la caisse. Nous assistons de cette façon à des détournements qui ont quelque chose de commun avec une mascarade !

Voilà donc le genre d'emploi des 242,700 fr. appartenant aux caisses de l'armée, par un ministre dont Rochefort était chargé de vanter le désintéressement et le patriotisme ! C'est lui-même, avec ses propres livres, avec la signature de son ami, le commandant Plet, avec la signature de son gendre, le capitaine Driant, et avec la signature de son dévoué Rochefort, qui a fait la preuve des détournements !

Je n'ai pas à dire un mot de plus, parce que, ayant prouvé que ces 242,000 fr. pris aux fonds secrets ont été versés à des journalistes qui n'ont eu pour mission que la glorification personnelle de Boulanger, j'ai ainsi établi sans conteste possible, le détournement. Tel est, messieurs, le crime dont vous êtes saisis en vertu du principe de la connexité.

Boulanger puise dans le trésor de guerre
pour ses besoins personnels.

Je vais maintenant vous faire connaître d'autres faits d'indélicatesse relevés à la charge de Boulanger. Ces faits, suivant moi, devraient être jugés par le conseil de guerre. Toutefois, il vous est possible de vous en saisir par évocation en vertu de la connexité. Quoi qu'il en soit, il est nécessaire d'ores et déjà, avant que vous ayez pris parti à cet égard, que vous soyez complétement édifiés sur la moralité de cet homme. C'est pourquoi, bien que ces faits, à mon estime, doivent être réservés éventuellement pour une autre juridiction, je ne puis les passer ici sous silence.

Boulanger a pris dans les fonds secrets et dans les fonds de réserve des sommes qui forment au point de vue du conseil de guerre, deux chefs d'accusation distincts. Il a pris dans les fonds secrets jusqu'à concurrence de 242,000 fr. ; détournement dont vous êtes saisis. Dans ces mêmes fonds secrets, il a pris une somme indéterminée, mais qui, en tout cas, est supérieure à 100,000 francs pour faire face à ses besoins personnels, mais dans des circonstances qui, suivant moi, ne se rattachent pas au complot.

Examinons. Boulanger n'avait aucune fortune, il n'avait que son traitement. Je crois même, si mes renseignements sont exacts, qu'il avait des dettes. Dans tous les cas, lorsque son père est mort, en 1884, il a été obligé — il était alors directeur de l'infanterie au ministère — de renoncer à la succession.

Et ce général français qui avait une haute situation, car il était alors divisionnaire, n'a pas pu payer, puisqu'il ne l'a pas fait, les frais de dernière maladie !

Nous avons, en effet, trouvé sur la liste des créanciers de la succession, le médecin des derniers jours, pour 150 fr. et le pharmacien pour 41 francs.

Quand je dis cela, je n'ai qu'un but, c'est de bien établir que Boulanger n'avait aucune espèce de ressources.

En conséquence, si nous trouvons des capitaux entre ses mains, dès qu'il sera devenu ministre, on ne pourra les attribuer ni à son patrimoine, ni à ses épargnes, car il est assez connu qu'il n'a qu'un goût modéré pour les mœurs de Sparte. Et alors, comme ce ne sera ni le patrimoine, ni l'épargne qui lui auront fourni des capitaux, nous aurons lieu de nous étonner et de trouver que ces capitaux sont suspects. Lorsque nous saurons qu'il n'a pas eu de conscience pour se retenir devant un détournement de 242,000 fr. en faveur de sa réclame politico-commerciale, nous aurons bien le droit de supposer que les capitaux qu'il a ainsi entre les mains sont de source impure.

Voyons ! je vais préciser pièces en mains, comme toujours, et vous montrer que, dès qu'il a été ministre de la guerre, il a eu des capitaux très importants dans les mains, des capitaux s'élevant à une somme supérieure à 100,000 fr., et je n'ai pas tout trouvé ; on ne trouve jamais tout dans ces affaires-là.

En 1884, il n'a donc pas payé les dettes de son père. En 1886, il a été l'objet non seulement de réclamations, mais de menaces qui pouvaient même — si le mot était à sa place dans cette matière — confiner au chantage : Il a eu peur que dans le public, on n'apprît que lui, qui occupait une des plus grandes situations de France, ne voulait pas donner 41 fr. au pharmacien qui avait donné les derniers calmants pendant l'agonie de son père. Alors, il a payé les dettes de son père.

Quelles étaient ces dettes ?

L'actif avait été réalisé et le montant, 38,000 fr., en avait été déposé à la Caisse des dépôts et consignations. Le 1er septembre 1886, Boulanger était maître des fonds secrets. Ce jour-là, il prend 25,000 fr. au fonds de réserve. Et comme s'il y avait ajouté une certaine somme prise aux fonds secrets, il a dans sa poche une liasse de billets de 60,000 fr., et il va déposer ces 60,000 fr. chez Me Transart, notaire, dont voici le reçu :

« 1er septembre 1886. — Reçu de M. le général Boulanger, pour payer les créanciers de la succession de M. Boulanger père, 60,000 francs (cote 304). »

C'est bien clair !

Il est vrai que l'emploi des 25,000 fr. pris ce jour-là sur la réserve est expliqué autrement sur les carnets de Reichert ; mais le versement de 60,000 fr. chez le notaire n'est pas moins certain. Il est vrai aussi que, d'autre part, le 1er avril 1887, Boulanger a retiré de la Caisse des dépôts et consignations les 38,000 fr. auxquels sa quittance générale lui donnait droit. C'est la déposition du directeur de la Caisse des dépôts et consignations que je cite là. Il a pu ainsi réduire son sacrifice, puisqu'il était rentré dans 38,000 francs et que, tous frais et faux frais payés, les dettes de la succession s'élevaient à 78,000 fr.

C'est donc seulement un sacrifice de 40,033 francs qu'il a ainsi fait ; c'est mathématiquement prouvé. Donc, il est resté, en définitive, bénéficiaire de 40,000 francs — sans avoir jamais pu dire où il les avait pris — puisqu'avec cette somme il a éteint les dettes de son père.

Je lui dis, moi : Vous étiez un homme sans un sou vaillant ; vous aviez déjà commis un abus de confiance de 242,000 francs pour vos journaux, et je vois dans vos mains 40,000 francs ; il vous est impossible de me dire où vous les avez pris, mais je sais à quoi vous les avez employés. Eh bien ! moi, je vous accuse de les avoir pris. Vous ne pouvez pas, en effet, soutenir que vous les avez empruntés à un ami. Donc je vous vois ayant entre les mains 40,000 francs, et je vous dis : C'est 40,000 francs que vous avez détournés.

En outre, Boulanger prit à sa charge et dans l'intérêt de sa propagande personnelle, le journal l'*Avenir national*, opération qui se traduisit par une perte de 40,000 francs, toujours aux dépens des fonds du ministère de la guerre.

Voilà donc 80,000 francs de propagande boulangiste payés par le budget militaire.

Nous allons voir maintenant que Boulanger ne s'arrêtait pas en si beau chemin.

Les mobiliers de la femme Pourpe

Ce n'est pas tout !

Boulanger a chargé en troisième lieu son amie, la femme Pourpe, de meubler pour lui de petits appartements en ville. Elle en a meublé deux et elle a payé les fournisseurs. Bornons-nous à extraire les pièces indiscutables du dossier. M. le conseiller à la cour de cassation Bernard a fait la déclaration suivante :

« Je me souviens d'une façon formelle qu'au moment même où on me parla de Mme Pourpe pour la première fois en mai ou en juin 1886, M. Bouchez ou M. Ditte me racontèrent que le général Boulanger, étant ministre de la guerre, est intervenu dans une affaire concernant cette dame et un tapissier dont je ne sais pas le nom, et qu'il avait versé à ce dernier une somme de 15,000 francs. Je ne puis vous fournir de renseignements plus précis sur ce fait, antérieur à mon entrée en fonctions. Mais le récit qui me fut fait de ce versement de 15,000 francs par le général Boulanger étant ministre, me frappa suffisamment pour être resté parfaitement présent à ma mémoire. »

M. le substitut Ditte a été entendu aussi comme témoin et il a déclaré :

« Enfin, un autre tapissier, M. Gaillon, a fait également à la dame Pourpe, pour meubler un appartement nº 155, boulevard Malesherbes... » — c'est là que Boulanger s'est caché le 14 juillet,

— « ... des fournitures de meubles et tentures qui devaient lui être payées par une personne dans une grande situation, dont la dame Pourpe ne lui avait paru être que la mandataire. »

Le préfet de police nous a fait parvenir les renseignements complémentaires que voici :

« Pendant son séjour à l'Isle-Adam, Mme Pourpe... » — c'est une partie de la biographie de la dame Pourpe ; elle est fort intéressante, vous le voyez — « ... se fit remarquer par son inconduite et l'indélicatesse de ses procédés à l'égard des voisins. Elle s'absentait ordinairement tous les deux jours, laissant son établissement... » — un pensionnat de demoiselles ! — « ...confié à la garde d'une sous-maîtresse, pour venir à Paris, où elle avait loué un appartement rue du Faubourg-Saint-Honoré, 178. A cette adresse, elle se faisait appeler quelquefois Mme veuve Paillet ; puis, en dernier lieu, elle avait décliné son véritable état civil.

» L'appartement, dont le mobilier avait été cédé à crédit, sur une estimation de 12,000 francs.., » — vous voyez que ce n'est pas le même ; l'autre est au boulevard Malesherbes — « ... par un marchand de meubles du faubourg Saint-Honoré, avait été loué au nom de cette aventurière, mais en réalité pour le général Boulanger qui, effectivement, y venait tous les jours passer trois ou quatre heures, tantôt avec une femme, tantôt avec une autre, et jamais avec la même. Pendant ce temps, son attelage... » — voyez comme il se respectait — « ... avec cocher à la cocarde tricolore, que tout le monde a pu remarquer, stationnait devant la porte ou à proximité. Ces allées et venues du ministre de la guerre dans cette maison se prolongèrent jusqu'au mois de septembre 1886.

» Elle alla ensuite demeurer boulevard Malesherbes, 155. Là, elle loua, toujours à son nom, mais pour le général Boulanger un appartement de 12,000 fr. de loyer, dont l'ameublement très luxueux, paraît-il, et d'une valeur approximative de 15,000 fr., avait été procuré à crédit... » — ce n'est pas celui du faubourg Saint-Honoré — « par un sieur François, ébéniste, 110, même boulevard. »

» Le général Boulanger était le seul homme reçu dans ce local : venait là passer quelques heures par jour avec des femmes qui, si l'on en croit certains propos, devaient être mariées ; car elles avaient toutes un voile qui leur cachait le visage. Le général avait une clef particulière de l'appartement; lorsque la femme Pourpe le voyait venir, elle se retirait dans une pièce à part et ne reparaissait qu'en cas d'appel de son hôte qui, souvent, après ses moments d'intimité, l'envoyait chercher des victuailles dans les restaurants voisins. »

Ainsi, voilà un mobilier de 12,000 francs d'une part, et un autre de 15,000 francs d'autre part, total 25,000 francs, sans compter ce qui se trouve dans une autre déposition, à savoir que le général ministre s'était fait, à ce moment, pour ses petites maisons, fabriquer un linge de table très luxueux, marqué de trois étoiles entre deux drapeaux et coûtant fort cher; mais comme je n'en sais pas le prix, je passe.

Ce que je retiens, ce sont les 25,000 francs des deux mobiliers, que j'ajoute aux 80,000 fr. de tout à l'heure, et je pose à Boulanger, qui a eu bien soin de ne pas se trouver en face de ma demande, cette question: Où aviez-vous donc pris les 105,000 francs dont je viens de parler?

Vous qui puisez dans les fonds secrets et donnez 242,000 francs par an aux journaux, vous qui n'avez pas un sou en dehors de votre traitement, n'est-ce pas aussi dans les fonds secrets que vous avez pris ces 105,000 francs pour payer vos plaisirs, vos petites dépenses et votre libertinage ?

Détournements divers

Ce n'est pas encore tout. Ici j'arrive à un quatrième groupe de dépenses.

Il a remis environ 7,000 fr. à son agent, ami et dessinateur, Pech de Cadel, celui qui n'a été condamné qu'une fois : il est vrai que c'est devant la cour d'assises.

Il lui a remis 7,000 fr. et j'ai la déposition du témoin Gelez, un maître imprimeur, qui dit :

« Je sais de la même source que lors de la confection de cette brochure, Pech de Cadel reçut du général Boulanger une gratification de 6 à 7,000 fr. »

Nous voilà maintenant à 112,000 fr. dépensés sans conteste et provenant d'une source inavouable. Nous ne savons certes pas tout. Il était impossible que nous sussions tout, puisque il est établi que le général Boulanger menait une vie de dissipateur. Mais j'ai trouvé que, pour une somme de 105,000 fr., il n'a pu prendre que dans les fonds secrets, comme je l'ai montré tout à l'heure; c'est écrit de la main de ses amis.

Il a pris dans les mêmes fonds secrets une somme de 242,000 fr. qu'il a détournés.

Je pourrais, messieurs, multiplier les exemples à l'infini; je pourrais citer un autre fait; je ne veux pas le faire parce que, pour moi, le fait n'a peut-être pas suffisamment le caractère du crime; je pourrais vous dire qu'il a pris, cet homme qui voulait faire le généreux et qui voulait se populariser d'une façon malsaine, je pourrais vous dire qu'il a souscrit des titres au Cercle militaire, pour une somme de 10,000 fr. Jamais on ne les a revus. Je ne crois pas que ce soit là un capital très productif et je ne pense pas qu'il en ait tiré de grands bénéfices.

Les Jeux d'écritures

Dans les écritures, il y a des invraisemblances frappantes qui, suivant nous, ne sont que des trompe-l'œil et qui nous permettent de voir à quel moment les fonds sont sortis de la caisse de l'armée pour aller se répandre chez la femme Pourpe et ailleurs. Je vais vous signaler seulement une de ces invraisemblances ; ici, ce n'est qu'une conjecture. Voici ce que j'ai à vous faire connaître, afin que vos esprits aient satisfaction complète.

Les officiers du cabinet ont leurs appointements suivant leur grade. Ils ont de plus les sommes que Reichert inscrivait sous le titre « indemnité aux officiers du cabinet ». Ainsi, ils ont donc leur solde d'officier à laquelle s'ajoute leur indemnité d'attachés militaires au ministère de la guerre.

Nous croyons que ces deux éléments réunis constituent l'ensemble des émoluments auxquels ils ont droit, et cependant nous trouvons qu'en 1886, le capitaine Driant, en dehors de sa solde, en dehors de ses émoluments d'attaché au cabinet, a perçu sans explication possible, 21,000 francs, et qu'en 1887 il s'est fait attribuer, conjointement avec un sieur Laage — qui est un ami, un officier d'administration, je crois, dont nous avons trouvé le nom dans la procédure — une somme de 21,700 francs d'une façon qui nous semble inexplicable.

Nous trouvons au même article que M. Mollard a touché, en 1886, 53,700 francs, et que M. Doyen a touché, en 1887, en dehors des gratifications réglementaires, une somme de 24,000 francs.

Ainsi, en dix-sept mois, 120,000 francs, en chiffres ronds, ont été absorbés par l'entourage du ministre, en dehors du service régulier des renseignements.

Il est fort possible que quelques-unes de ces personnes n'aient figuré là qu'à titre d'hommes de paille, pour masquer une perception illicite qu'aurait réalisée Boulanger sur les fonds secrets ; et enfin, ce qui me frappe beaucoup, c'est que j'arrive, avec le décompte auquel je me suis livré, à une somme de 120,000 fr., et que tout à l'heure je suis arrivé, par l'addition des différents payements de Boulanger, à une somme égale de 120,000 francs.

Le patriotisme de Boulanger

C'est très triste à dire, mais enfin ces temps-là sont passés, et aujourd'hui nous sommes armés de manière à pouvoir oublier le passé, — car le passé tel que nous l'avait créé Boulanger était bien triste au point de vue de la défense ! Et lui, qui a prétendu avoir été un ministre patriote, il a été un ministre antipatriote et antifrançais !

En voilà les preuves écrites : Boulanger a donné bien moins de secours que ses prédécesseurs aux orphelins et aux veuves des militaires dans l'indigence.

C'est cependant un des chapitres les plus intéressants pour les ministres de la guerre, un de leurs devoirs les plus sacrés. Et vous allez voir, bien qu'il parle toujours si bruyamment de son amour pour les déshérités, — et j'en demande pardon à ses amis de la Commune, — il a donné moins que les autres aux pauvres. Les secours distribués sous son ministère ont été de

16,500 fr. pour 1886 et de 5,000 fr. pour les cinq mois de son ministère en 1887.

Il est vrai que ses souscriptions aux œuvres de charité mondaine et à tout ce qui relève de la mode l'entraînaient à un gaspillage effréné de nos fonds, et l'on peut constater que pendant qu'il donnait 16,500 fr. aux pauvres, il dépensait 61,000 fr. pris sur les fonds secrets pour ses réceptions et pour ses voyages, qu'il n'avait pas le droit de prélever sur les fonds secrets. Il n'a jamais dépensé, je l'ajoute, pour la défense des frontières, il n'a jamais dépensé de sommes indiquant une sollicitude comme celle dont il s'est toujours targué avec fracas. Son chapitre des renseignements, le plus important de tous, n'a compris que 294,000 fr. pour l'année 1886, soit une moyenne de 24,500 fr. par mois, et que de 120,000 fr. pour les 5 premiers mois de 1887, soit une moyenne mensuelle de 24,000 francs seulement.

Ce genre de dépenses a même faibli légèrement de janvier à fin mai 1887, et cela arrache du visage de l'homme le dernier lambeau du masque, parce qu'il a réduit ses dépenses de renseignements — nous nous entendons — en face de l'incident Schnœbelé dont il parle toujours et qui remonte au mois d'avril 1887.

Par conséquent, lorsqu'il a été question de l'incident Schnœbelé, monsieur Boulanger, j'en suis bien fâché, mais je suis obligé de vous le dire à distance, vous avez encore altéré avec audace la vérité, car l'incident Schnœbelé vous a été indifférent, et vous avez liardé, pour y faire face, pendant que vous prodiguiez les fonds de la France et les jetiez par les fenêtres pour vos plaisirs et votre réclame.

Ecoutons maintenant un témoin qui va nous apprendre dans quel état d'abandon étaient tombées nos œuvres les plus précieuses de la défense, celles qui ressortissent au chapitre des renseignements. Ce témoin c'est M. Poincaré, député, ancien chef de cabinet d'un ministre qui a fait partie du même cabinet que le général Boulanger, qui va nous renseigner.

« Quand j'étais chef de cabinet au ministère de l'agriculture, sous les deux ministères Freycinet et Goblet, nous dit-il, ministères dont a fait partie le général Boulanger, j'avais un attaché nommé Edmond Gaste; il avait à entretenir un colombier militaire et il m'a, à plusieurs reprises, déclaré qu'il ne pouvait plus obtenir du ministre ce qui lui était dû de ce chef.

» En outre, plusieurs correspondants de ce ministère, qui étaient chargés de missions spéciales, — vous comprenez ce que cela veut dire, c'étaient assurément là des personnes qui avaient droit à tous les fonds secrets, puisque c'étaient elles qui fournissaient les renseignements dont on avait besoin, — avaient adressé à M. Gaste des lettres qu'il m'a montrées, dans lesquelles ils se plaignaient de ne plus recevoir leur argent. Je n'ai pas cru devoir conserver le secret sur ce point, et je l'ai immédiatement rapporté à M. Develle, dont j'étais le chef de cabinet. Ce fait fit naître dans ma pensée le soupçon que les fonds secrets étaient détournés de leur destination légitime. »

On voit maintenant, messieurs, que Boulanger se réservait largement, même à l'époque de l'incident Schnœbelé, et sans avoir cet incident au cœur, les sommes dont il avait besoin pour payer les dettes de son père et le reste.

Voilà pour les fonds secrets.

Les fonds de réserve

Arrivons, maintenant, aux fonds de la réserve.

J'ai dit qu'il avait sorti de cette caisse, à laquelle aucun mi-

nistre français ne voudrait toucher, une somme de 279,000 fr
Il a pris sur cette somme 140,000 fr., donnés sous forme de
prêt irrecouvrable au Cercle militaire. Or, on sait ce qu'était
pour lui le Cercle militaire : le général Saussier l'a dit dans sa
déposition. Sur cette question, M. le général Saussier répond :
« C'est l'opinion générale répandue dans l'armée que la création
de ce cercle n'a été pour le général Boulanger qu'un moyen d'aug-
menter sa popularité. »

Je ne le suivrai pas dans l'emploi illégitime qu'il a fait du
surplus de la somme de 140,000 fr. C'est un acte de parfaite
indélicatesse; il n'avait pas le droit d'aller faire le généreux au
Cercle militaire en dépouillant la caisse de l'armée. Il l'a fait,
c'est indélicat, mais il ne s'est pas approprié les 140,000 fr. et
par conséquent il n'a été là qu'un faiseur.

Il restait une certaine somme de ces 279,000 francs des fonds
de réserve, et alors les comptables ont procédé à une opération toute naturelle et qui s'imposait pour eux : ils ont, comme
on dit vulgairement, grapillé et repris de ces fonds de réserve
quelques milliers de francs ; ils y ont ajouté les fonds secrets qui,
par fortune, se trouvaient momentanément disponibles, et de
tout cela ils ont formé un groupe ou un sac de 30,000 fr., laquelle somme de 30,000 francs a été étiquetée par eux comme
appartenant à la réserve et devant être reportée — cela aurait
été un remboursement d'autant — dans les fonds de la réserve.

Cette somme de 30,000 francs était si bien sortie des fonds
secrets que Reichert, le sous-intendant comptable, en a débité
les fonds secrets, parce qu'il y avait là une sortie de fonds.
Puis le sac est resté, je ne dirai pas en souffrance, mais entre
les fonds secrets dont il était sorti, et la caisse de réserve, dans
laquelle il devait être versé.

Le versement matériel, effectif, dans la caisse de réserve, n'a
pas été opéré ; le sac n'a pas été remis dans cette caisse, dont personne n'a la clef ; mais la somme est restée à part, et M. Des-
sacy, le comptable, l'a étiquetée en mettant : « Ces fonds appartiennent à la réserve », et Reichert, qui, dans cette affaire,
a été d'une complaisance, d'une incurie, d'une culpabilité morale
très grande, mais que je ne considère pas comme un malhon-
nête homme, et qui suivant moi a été l'être passif se chargeant
de l'enregistrement des vilaines choses, — je suis convaincu qu'il
en est sorti les mains vides, telle est du moins mon opinion
que je suis heureux de vous faire connaître, — Reichert savait
si bien que cette somme de 30,000 francs était facile à détour-
ner, puisqu'elle n'était pas encore au fonds de réserve et qu'elle
n'était plus aux fonds secrets, que c'était pour ainsi dire un
sac en l'air, Reichert savait cela si bien qu'il a écrit sur ses livres
à l'encre rouge et en travers : « Cette somme appartient à la réserve spéciale. »

Par conséquent, aucun doute à cet égard ; c'était bien un fonds
de réserve.

La crise ministérielle a éclaté le 17 mai et elle a pris fin le
31 mai. M. Boulanger a remis le service et quitté le ministère le
31 mai; il a donné à ce moment une décharge générale à Reichert, son comptable. C'est Driant, naturellement, son officier
d'ordonnance, l'homme de confiance, qui a donné décharge. C'était
régulier.

En donnant la décharge de toute la comptabilité en général,
M. Boulanger a pris les 30,000 fr. de la réserve — il ne s'agit
plus de fonds secrets — et les a emportés. Le fait a été nié par lui.
Comment donc ! Il a écrit, il y a quelques jours, en se faisant
délivrer un reçu de Mondyon. Je vous ai fait savoir ce que c'était
que Mondyon qui a donné la semaine dernière à l'*Intransigeant*

un fac-similé de reçu et qui, à ce moment, arrivait d'Angleterre, après avoir lu le modèle ou l'impression du reçu à délivrer et rapportait 3 ou 4,000 fr. de Boulanger dans sa poche.

Ce n'est pas une preuve contre. La preuve pour est matérielle. Reichert a délivré le sac de 30,000 fr., le fait est certain ; il a le reçu, et il a remis à M. Driant le sac de 30,000 fr. au moment où on lui a donné la décharge.

Au moment où Boulanger partait, qu'avait-il à faire? Ce que font tous les ministres démissionnaires : à assurer l'expédition des affaires courantes. Il n'avait pas à s'engager dans des dépenses, et s'il avait à en engager, c'étaient seulement des dépenses quotidiennes. Or, je vous affirme — les pièces écrites sont là sous mes yeux — que, d'après la déclaration de Reichert, Boulanger a pris, le 30 et le 31 mai, 1,000 fr. d'une part et 2,000 fr. de l'autre, pour faire face à ses dernières dépenses courantes de ministre.

Le coup des 30,000 francs

Donc, en dehors de cela, il n'avait rien à payer, et la preuve, c'est que jamais il n'a dit à Reichert ce qu'il avait fait de ces 30,000 fr. S'il avait payé quelque chose, Reichert aurait dû l'inscrire dans la comptabilité ; mais il n'a rien payé, et la preuve c'est qu'il a légué 32,000 fr. à payer à son successeur, le général Ferron.

Il a dit au général Ferron : J'ai un arriéré ; j'ai acheté un mobilier — ce n'étaient pas les petits appartements, c'était le vrai, l'appartement de la rue Saint-Dominique — j'ai fait là des dépenses, et je me trouve en retard d'une trentaine de mille francs ; veuillez donc vous en charger sur les fonds secrets à venir.

M. le général Ferron, très galamment, s'est prêté au règlement de la chose, et Boulanger en arrive à dire aujourd'hui, en se heurtant à la déposition du général Ferron: Moi, mais j'ai payé un arriéré avec les 30,000 francs ; j'ai même été obligé d'y ajouter 2,000 francs de ma poche !

Vous voyez l'énormité du mensonge ! il n'a rien payé, il a vécu jusqu'au dernier jour avec les billets de mille francs qu'on lui donnait quotidiennement sur la demande de Driant, et ces 30,000 francs n'ont jamais eu le moindre emploi, parce que jamais sur aucune comptabilité ils n'ont figuré !

Boulanger a emporté les 30,000 fr. ; le détournement est clair comme la lumière du jour, parce que nous voyons qu'il les prend et qu'il lui est impossible d'en expliquer l'emploi. Donc, aux termes de la définition du code pénal, il se trouvait avoir entre les mains des fonds qui ne lui appartiennent pas ; il en a disposé dans son intérêt personnel, il est coupable d'abus de confiance.

Boulanger est ainsi convaincu du plus odieux des crimes. Le procureur général, revenant en arrière, passe aux autres méfaits du concussionnaire. Voici une affaire qui date de l'époque où Boulanger commandait le corps d'occupation en Tunisie.

Les pots de vin

M. Quesnay de Beaurepaire raconte longuement les relations de Boulanger avec Buret ; il montre qu'il y avait à partager entre eux, une commission de 210,000 francs, pour faire adopter par le corps d'armée de Tunisie la ration de café sous forme de tablettes, système qu'avait imaginé un nommé Maréchal.

Le procureur général établit avec la même rigueur que Boulanger, de compte à demi avec Buret, accepta d'un fabricant d'épaulettes, nommé Dupuy qui avait un stock énorme de ces objets en magasin, une commission de vingt centimes par paire d'épaulettes, s'il les lui faisait vendre à raison de 2 francs.

Résumé de l'affaire

Le procureur général ramasse brièvement toutes les charges qui pèsent sur les accusés et dénonce une dernière fois l'aventurier qui venait apporter dans les plis de son manteau des menaces d'une guerre civile et d'une guerre étrangère insensée.

Avant de s'asseoir, M. Quesnay de Beaurepaire rappelle qu'il a été « couvert d'injures comme personne ne le fut jamais », et cela pour avoir rempli son devoir, pour avoir été le trouble-fête de l'orgie boulangiste. Mais les outrages des boulangistes seront l'honneur de sa carrière. Il sollicite un arrêt de condamnation sur tous les points ; en le rendant, la Haute-Cour aura donné à tous une leçon salutaire et aura bien mérité de la patrie.

ARRÊT DE LA HAUTE-COUR

CONDAMNATION

Déclare Boulanger, Dillon et Rochefort coupables du crime de complot ;

Boulanger coupable du crime d'attentat ;

Dillon et Rochefort coupables du même crime d'attentat ;

Boulanger coupable de détournement de deniers publics dont il était comptable ;

Crimes prévus par les articles 87, 88, 2, 89, 59, 60 et 169 du Code civil :

Condamne :

BOULANGER, à la peine de la déportation dans une enceinte fortifiée ;

DILLON, à la peine de la déportation dans une enceinte fortifiée ;

ROCHEFORT, à la peine de la déportation dans une enceinte fortifiée ;

Condamne lesdits Boulanger, Dillon et Rochefort solidairement aux frais du procès, desquels frais la liquidation sera faite conformément à la loi, tant pour la portion qui doit être supportée par les condamnés, que pour celle qui doit demeurer à la charge de l'Etat ;

Ordonne que le présent arrêt sera exécuté à la diligence du procureur général près la Haute-Cour de justice, imprimé, publié et affiché partout où besoin sera ;

Fait et délibéré au palais de la Haute-Cour, à Paris, le quatorze août mil huit cent quatre-vingt-neuf, en la chambre du conseil, et prononcé le même jour en séance publique, où siégeait M. Leroyer, président, M. Gustave Humbert, vice-président.

Paris. — Imprimerie de la Presse, 16, rue du Croissant. — A. VIGIER, ipm.

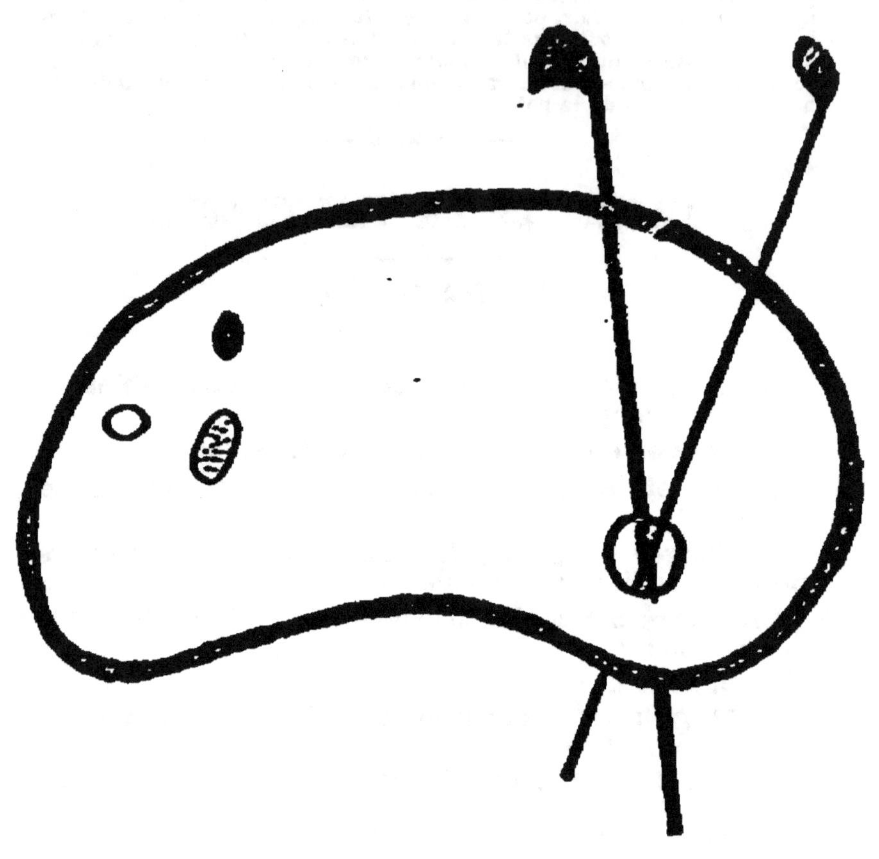

ORIGINAL EN COULEUR
NF Z 43-120-8